JN409038

똥짝대기

똥짝대기

1쇄 찍음 / 2007년 9월 25일
1쇄 펴냄 / 2007년 9월 30일

지은이 / 권경만
펴낸이 / 김태봉
편 집 / 황은진, 김주영, 김미란
마케팅 / 박상필, 김명준
웹 / 이준혁
등 록 / 제5-213호
펴낸곳 / 한솜미디어
주소 / (우143-200) 서울시 광진구 구의동 243-22
전화 / (02)454-0492, 팩시밀리 (02)454-0493
HomePage http://hansom.co.kr
E-mail hansom@hansom.co.kr

값 8,000원

ISBN 978-89-5959-119-0 03810

권경만 지음

한솜미디어

| 서 문 |

피리 부는 소년이 글 하나를 썼다오.

어언 불혹을 넘긴 이 시점에 무슨 할 이야기가 있겠냐마는 돌이켜 생각해 볼 때 황금빛 추수 밭에 홀로 서 소리 한 번 질러보고 싶은 마음만이 들 뿐이었다오.

폐인들아!! '한폐영폐'를 잊지 말고 전설이 솟구치는 빌딩들 사이에서 제 갈 길을 잃어 헤맬지라도, 맨땅에 헤딩하고 서라도 정신 차려 돌아오는 팔월을 기다리자꾸나.

무섭이형!! 폐인대장으로서 깃대를 메시오. 나 그 깃발 따라가리니…. 오! 한폐영폐.

장환형!! 진정한 폐인이여….

자신이 진정한 폐인이라는 사실조차도 망각한 채 폐인의 그 나락과도 같은 끝없는 절망을 온몸으로 껴안은 우리 시대 최후의 진정한 폐인이여….

남들은 당신의 그 무의미한 듯한 돌팔매질을 욕할 때 나는 박수를 치리라. 이제 마지막 촛농이 떨어져 불꽃이 다할지라도 걱정 한 푼 없이 자신의 따귀를 때려라.

동준형!! 아직도 당신의 불끈 쥔 두 주먹이 두렵소. 세상살이가 다 그렇고 그런 것이라는 이치가 당신 얼굴에 써 있지 않소? 무얼 두려워할 것이며 무엇이 우리의 앞길을 막을 것이요.

돌이켜 지난 세월을 생각할 때에 앞일이 뻔하지 않소? 난 당신의 사전에 두려움이란 단어가 없다고 생각하오. 우린 그냥 정령이니, 정령이 밥 먹고 똥 싸는 것 봤소?

아, 무수한 폐인들이여….
거룩한 폐인의 행렬에 동참하라.
이 세월이 가면 이 수액을 마시지 못하리니….
달나라에는 우물이 없다오.

권경만

| 목 차 |

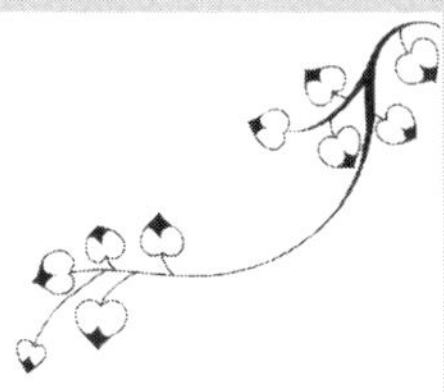

사 월

사월 초 서린아침 초름한 새싹은 꽃보다 아름답다.
연두색 치마저고리 곱게 차려입은 어린 누나 앞섶이요,
아부지 환갑잔치에 허리 동여맨 앳된 형수 이마 땀방울이다.

조것을 두 손가락으로 똑 따서 입에 넣고 잘근잘근 씹어 볼까나.
가지째 후드득 따서 마당 한가득 뿌려 볼까나.

너 찬이슬 몇 번 맞고 나면 이파리 두꺼워질 텐데 왜 그리 안달이냐?
저 망달산 꼭대기 지친 송줄기 붙들고 곡할 때까지 너 변치 말어라.

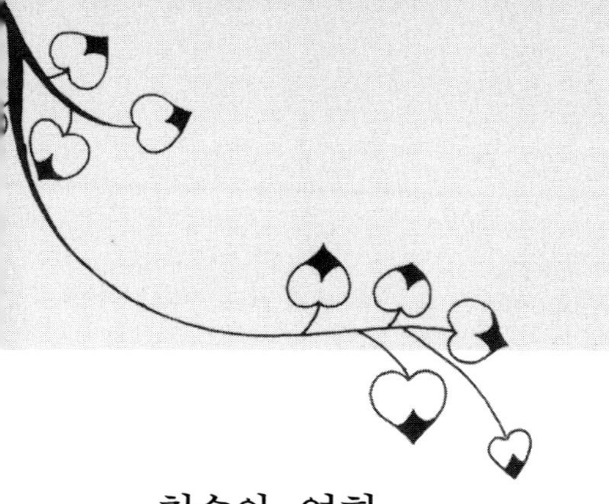

〈첫 번째 이야기〉

철수와 영희

아무 상관이 없는 나였지만 난 그녀의 옆에 있다는 것만으로
나의 의지와는 상관없이 그녀의 편이었다.

철수와 영희

1

아직 차가운 바람이 손을 시리게 하지만 양 볼따구니를 따갑게 하는 햇살이 봄임을 증명하는 3월 초였다. 난 한껏 부푼 마음으로 대학 새내기가 되어 첫 등교를 했다.

오늘은 수업이 없고 과 오리엔테이션이 있는 날이다. 앞으로 4년간 같이 다닐 학우들과 선배, 교수님들을 보고, 또 대학생활에 대해서 배우는 날이다.

지정된 강의실에 들어서니 이미 많은 학우들이 들어와 자리를 잡고 있었다. 항상 그렇듯이 나는 제일 뒤 오른쪽 구석에 자리를 잡고 앉았다.

곧 머리가 반쯤은 벗겨지고 넥타이 없는 양복을 입은 분이 강단으로 들어섰다. 우리는 모두 교수님의 등장에 긴장을 하며 조용해졌다.

공공칠가방에서 출석부를 꺼내신 교수님은 먼저, "음…, 음…" 하며 목소리를 다듬으셨다.

그리고 점잖은 목소리로 "에… 지금부터 편의를 위해서 존칭은 생략하겠습니다. 호칭을 하면 자리에서 일어나 예 라고 대답해 주시기 바랍니다."

"김말동!"

"예!"

"홍길동!"

"예!"

"김말순!"

"예!"

"권모군"

"예!"

나도 자리에서 일어나 크게 대답했다.

"김영희!"

"……, 김영희!"

"김영희는 아직 오지 않았나요? 김영희!"

첫 등교 시간에 오지 않는 김영희라는 친구가 의아스러워서 모두들 주변을 둘러보더니 수군거리기 시작했다.

교수님은 약간 짜증 섞인 목소리로 "모두 조용히 해요. 김영희!" 하고 최후의 통첩을 했다.

그 순간 뒤쪽 강의실 문이 활짝 열리며 거의 우당탕하는 수준으로 급히 안으로 돌진해 들어온 한 여학생이 있었다. 그녀는 헐떡거리며 급하게 "예…, 김영희 여기 있어요!" 하며 자리에 앉았다.

그런데 급하게 아무 자리에 앉다가 보니 바로 나의 옆 자리에 앉게 되었다. 모두들 고개를 돌려 그녀를 확인했다. 덕분에 나까지도 얼굴이 붉어졌다.

교수님은 먼발치로 그녀를 확인하고는 "앞으로 빨리 빨리 다니도록 하세요!" 하고는 나머지 학생들을 호명했다.

호명이 끝나자 교수님은 출석부를 강단 위에 올려놓으시고 다시 우리들을 일일이 한 명씩 둘러보았다. 그리고 어렵게 입을 떼듯이 천천히 말문을 여셨다.

"여러분, 반갑습니다. 이제 여러분은 여기서 앞으로 4년간 진리를 배울 것입니다. 여기는 대학입니다. 대학은 여러분들이 그동안 배운 국민학교, 중학교, 고등학교와는 다릅니다. 대학의 다른 표현이 많은데 아는 사람 있나요?"

모두들 조용했다.

그러자 교수님은 기다렸다는 듯이 "아카데미라고도 하며 상아탑이라고도 하지요. 이 말의 뜻을 아는 사람 있나요?" 하고 연이어 질문을 하신다.

아무도 대답을 하지 못하자 교수는 득의의 미소를 지으며 막 그 뜻을 이야기하려고 하는 순간 강의실 문이 천천히 열리며 얇은 봄잠바 차림에 청바지를 입은 대략 30대 초반 정도의 아저씨 한 명이 들어섰다.

그 사람의 출현이 있자 갑자기 교수님의 표정은 비열하다 싶을 정도로 간사한 웃음으로 바뀌며 두 손을 마주 잡고 아주 공손히 그 아저씨에게 인사를 하는 것이었다. 그러자 그 아저씨는 교수님에게 "어…, 출석은 다 불렀지? 수고 했어. 그만 가봐!" 하는 것이었다.

우리들은 모두 당황하였다. 아니 교수님이 이렇게까지 공손히 인사를 할 정도라면 과연 이분은 누구일까?

'총장님? 아니… 총장이 되기에는 너무 어린데…. 그리고 저 캐주얼복은?'

우리의 머리로는 도저히 정리가 되지 않는 상황으로 인

하여 잠시 술렁거리고 있었다.

그 머리가 벗겨진 교수님은 손을 한번 흔들며 "어이… 후배님들, 앞으로 잘 지내보자구…" 하고는 유유히 사라졌다.

새로 들어오신 아저씨는 대략 분위기를 알고 있다는 듯이 씨익 웃고는 "아, 여러분… 조용하시고…. 나로 말하자면 이번에 학과장을 맡게 된 M교수입니다. 조금 전 나간 친구는 여러분보다 한해 선배인 2학년 OOO입니다. 저 친구가 어릴 때 약을 잘못 먹어서 머리도 벗겨지고 나이가 팍 들어 보이지만 그래도 나이는 여러분보다 한 살 위니까 부담 없이 선배로서 잘 지내도록 하세요. 내가 좀 바빠서 대신 출석을 부르도록 했어요. 음…, 다 나왔군…."

우리는 이 황당한 시추에이션에 머리가 멍해졌다. 나중에 안 이야기지만 그 선배는 우리 과에서 매년 내려오는 전통인 '똥짝대기' 84학번 계승자였던 것이다.

'똥짝대기'란 전통에 대해서도 이야기 하자면 반나절은 걸리겠으므로 나중으로 미루고 그 선배에 대한 대표적인 단면을 알려 주자면, 우리 단과대에서 다른 과 학생들은 그 선배를 아직도 교수님으로 알고 지나다니며 인사를 하는 학생들도 많다는 것이다.

이야기가 옆길로 많이 샜는데… 다시 돌아오면 그 캐주얼 학과장님은 다시 한 번 출석부를 보더니 씨익 웃으셨다. 그리고 고개를 들어 "김영희, 김영희가 누구죠?" 하는 것이었다. 그러자 바로 내 옆에 앉아 숨을 고르던 그 지각생이 벌떡 자리에서 일어났다.

"예! 전데요?"

교수님은 김영희를 바라보더니 씨익 웃고는 "앞으로 그 똥짝대기 선배를 조심해요. 여기 출석부에 그 놈이 이렇게 적어 놨네. 넌 내 꺼야. 김영희!"

모두들 "와!" 하고 웃음바다를 이루었다.

김영희라는 친구는 어쩔 줄을 모르고 얼굴이 붉으락 푸르락하였다. 모두의 시선을 받은 덕분으로 나까지 당황하였다.

아무 상관이 없는 나였지만 난 그녀의 옆에 있다는 것만으로 나의 의지와는 상관없이 그녀의 편이었다.

대략 한두 시간의 오리엔테이션을 마치고 우리는 자유의 몸이 되었다. 강의실을 나오자 우리들은 모두 뿔뿔이 흩어져 각자의 갈 길을 갔다.

난 도서관을 구경해야겠다고 마음을 먹고 도서관으로 향했다. 그런데 저 먼발치에서 그 문제의 '김영희'가 보였다. 다른 친구와는 달리 그녀의 어깨는 왠지 힘이 없어 보였다. 그리고 무언가 외로움이랄까. 뭐 그런 것이….

난 그녀의 뒤를 쫓으며 도서관으로 향했다. 예상대로 그녀도 도서관으로 들어섰다. 우리는 눈이 마주치고 서로가 같은 과 학우라는 사실을 알고 있으면서도 왠지 쑥스러워 말을 건네지 못하고 서로 다른 방향으로 향했다.

4층의 잡지코너였다. 그녀가 보였다. 난 나의 관심사인 건축잡지를 찾았다.

저 푸른 초원 위에 그림 같은 집을 짓고, 거기서 예쁜 여자와 사는 것이 나의 꿈이었다.

한창 잡지에 심취해 있는데, 누군가 나의 어깨를 가볍게 두드렸다. 고개를 들어 보니 그녀였다.

'김영희!'

난 뭐라고 호칭을 해야 할지, 반말을 해야 할지, 존칭을 써야 할지 몰라 그냥 멍하니 그녀를 쳐다보았다. 그녀도 좀 쑥스러운 표정으로 “의상 쪽의 잡지가 어디 있는지 아니?” 하고 당당히 말하는 것이었다. 나는 얼떨결에 바보같이 “아니!” 하고 말해 버렸다. 그러자 그녀는 좀 실망스럽다는 듯이 체념 섞인 목소리로 “알았어…” 하고는 돌아섰다.

난 당황하여 어쩔 줄을 몰라 하다가 돌아서는 그녀에게 “잠깐만…, 저기 가면 알 수 있을 거야. 거기 분류목록이 있거든…” 하고 그녀를 불러 세웠다.

그녀는 활짝 웃으며 돌아섰다. “그래? 어딘데? 같이 가자!” 하며 나에게 다가왔다. 나는 그녀와 같이 도서분류 목록표가 있는 입구 쪽으로 갔다.

이것이 그녀와 나와의 첫 만남이요, 첫 데이트였다.

2

뭐가 뭔지도 모르고 정신없이 거의 1학기가 다 지나갔다. 아침 등굣길은 전날 쏜 최루탄가스의 잔재 때문에 눈물 콧물을 바가지로 흘려야 했고, 저녁 하굣길은 본격적인 전쟁으로 최루탄을 피해 다녀야만 했다. 어쩌다 잘못 쏜 최루탄이 내가 탄 버스에라도 맞을라치면 한마디로 지옥행 버스가 된다.

가끔 선배들에게 차출되어 총알받이라도 되는 날에는 하루 종일 얼굴을 세숫대야에 담그고 있어야 한다. 중학교 때 감자를 튀기다가 실수로 펄펄 끓는 기름을 나의 손에 부은 적이 있었는데 그때의 괴로움과 가히 필적할

만하다.

한마디로 학교인지 전쟁터인지 구분이 가지 않았다. 우리는 이데올로기가 뭔지, 정권이 무엇에 쓰는 물건인지도 모르고 저녁이면 선배들의 광기 어린 분위기에 이끌려 불로 뛰어드는 불나방과 같이 막걸리 집으로 향했고, 알아들을 수도 없는 이념과 이데올로기, 군사정권의 부도덕성과 만행을 귀에 못이 박히게 듣고 또 들었다.

술은 단련되지 않은 나의 위장 속으로 끊임없이 부어 쏟아져 들어왔고, 상황파악을 하지 못한 나의 위장은 끊임없이 들어온 술을 밖으로 쏟아내 버렸다.

완전히 미쳐 있었다. 왜 미쳤는지 그 이유는 모르지만 난 그냥 그 상황이 내가 있어야 할 바로 그곳이라고 인식했다.

"알은 하나의 세상이다. 그 알을 깨지 못하면 새로운 세상을 보지 못한다."

지금 돌이켜 생각하면 그 무의미한 듯한 혼돈은 그 나름대로의 역할이 있었던 듯하다.

정신없이 미쳐 돌아가던 한 학기도 뜨거운 폭염에 제 정신을 찾고 휴식을 취한다.

방학이다.

갑자기 휴전을 하였다. 나의 의지와는 상관없이 휴전 협정이 이루어졌다. 말도 안 된다.

그 열정과 그 투지와 그 정의감은 다 어디로 갔단 말인가? 그냥 공부가 하기 싫어서 한 데모였단 말인가? 지금 이 순간도 군사정권 아래 우리는 핍박 받고 있지 않은가? 전쟁에 방학이 어디 있단 말인가? 더우면 전쟁도 그만 하는가? 전쟁이 무슨 병정놀이인가?

선배들은 모두 시골로 내려갔다. 본래 집이 시골인 사람도 있었고 시골 봉사활동을 위해서 내려가는 사람도 있었다.

모두들 피서를 간 것이다. 난 더욱 혼란스러웠다. 나의 팔을 잡아끌며 같이 시골 봉사활동을 권유하던 선배의 손을 뿌리치고 난 대구에 남았다.

말로 표현하지 못하는 공허함과 허탈함 속에 그 치열했던 전장터(학교 정문)를 매일 하릴없이 어슬렁거리며 배회를 하는 것이 나의 일과가 되었다.

깨어져 조각조각 난 보도블록들(우리들의 총알이었다), 잘못 쏜 꽁알탄 흰 파편의 흔적들이 가득한 정문 앞

길을 오르락내리락했다.

문 닫힌 식당과 인적이 드문 정문의 썰렁함을 가슴으로 쓸어안으며 더욱더 공허함을 키워 나가는 것이 방학 중 나의 일과였다.

그날도 늦은 아침을 먹는 둥 마는 둥 하고 학교로 가는 버스를 잡아탔다. 버스에서는 무슨 방송인지 끊임없이 흘러 나왔다.

MC : 오늘은 요즘 젊은층에 한창 인기를 끌고 있고 청순함의 대명사로 자리 잡은 가수 B양과 전화 통화로 이야기를 좀 나눠보겠습니다. B양 안녕하세요?

B양 : (갑자기 뛰어와 마이크를 잡은 듯 숨을 헐떡이며) 안녕하세요?

MC : 그래요, 요즘 무척 바쁘시죠?

B양 : 예, X나게 바빠요….

MC : (당황) 에…, 음…, B양의 유머감각이 뛰어 나신 것 같아요. 에… 음….

버스 안은 잠시 멍하다가 곧 웃음바다가 되었다. 그리고는 곧 사람들은 가수 B양를 X나게 욕했다. 나도 피식 웃었지만 속으로 '뭐 그럴 수도 있지, 지도 사람인데…. 똥 안 누고 사나?'

학교로 가는 30분 동안의 버스 안은 완전히 가수 B양의 말실수가 화젯거리였다.

버스를 내려 학교 정문으로 올라갔다. 역시 사람들은 없었다. 가끔 도서관에서 나오는 취업 준비생 노땅 선배들의 모습이 한둘 보였지만 5월의 그 활달함은 없었다.

난 쓸쓸히 정문으로 걸었다. 그런데 정문 앞에 서 있는 한 여자를 보았다. 뒷모습이었지만 난 그녀가 영희임을 단번에 알아보았다.

영희는 학교 쪽을 바라보고 그냥 멍하니 서 있었다. 나는 갑자기 기분이 좋아져서 그녀에게 농을 걸기로 생각했다. 몰래 뒤로 가서 그녀의 귓가에 가까이 대고 "영희야! 철수 기다리니?" 하고 크게 말을 했다.

그 당시 우리 과에서는 영희의 이름 때문에 그녀를 볼 때마다 "철수는 어딨니?" 하고 묻는 것이 그녀의 별명이 되었다(참고 : 어릴 적 국민학교 1학년 교과서에 철수와 영희는 항상 짝이었다).

깜짝 놀랄 것으로 생각했던 나의 예상은 뒤집히고 영희는 그냥 고개를 돌려 말없이 나를 본다. 그녀의 말없는 반응에 난 그냥 희멀쑥이 웃음만 지었다.

"너 왔구나. 철수 기다린 게 아니라 너 기다렸어."

"응, 나? 나하구 언제 약속했냐? 에구… 요즘 건망증이 도져서리…."

"아니, 약속은 안 했지. 그냥 여기서 기다리면 너가 오잖아…."

"응? 응…."

그 말뜻이 무엇인지 물어 보지도 않고 난 또 바보같이 그냥 건성으로 대답만 하였다. 우리는 같이 제1음악관으로 걸었다. 그건 내가 정한 코스가 아니라 그냥 영희가 가는 방향으로 뒤를 따른 것뿐이다.

"야, 영희야. 내가 커피 한 잔 뽑아 올까?"

"그래. 난 연습실에 있을게."

"오케이…."

난 급하게 커피 두 잔을 뽑아 들고 2층 피아노 연습실로 향했다. 방학이라 연습실에는 아무도 없었고 맨 끝방에서 손가락 푸는 하논 곡이 들렸다.

난 그 방에 들어섰고 영희는 간단히 손가락을 풀고 있었다. 나는 커피잔을 피아노 위에 올려놓고 뒤에 앉아 영희가 치는 피아노 소리를 들었다.

손가락이 풀리자 곧 영희는 베토벤 소나타 '열정' 1악장을 쳤다. 악보도 없이…. 어려운 곡인데…. 아마도 음대 들어올 때 입시 곡으로 친 실기 곡이겠지 하고 추측하였다.

제법 잘 쳤다. 1학년답지 않은 수준으로 곡을 해석하고 무리 없이 제시부를 지나 발전부에 이르렀다. 영희는 곡에 완전히 빠져들었다. 곡의 흐름에 자연히 몸도 따라 움직이며 심취해 들어갔다. 나도 그녀의 연주하는 뒷모습과 '열정'의 열정을 느끼며 몰두해 갔다.

어느덧 곡은 종지부에 이르렀고 온 열정을 쏟아 부은 연주의 마지막은 고요히 종지부에 이르렀다.

잠시 침묵이 흘렀다. 난 갑자기 벌떡 일어나 박수를 쳤다. 영희는 아직도 돌아보지 않고 가만히 앉아있었다. 그녀 등의 골짜기에는 땀이 흐르고 있었다. 이제 허리를 펴자 땀은 선명히 그녀의 셔츠에 찐한 자국을 남겼다.

조금 더 조용히 앉아 있던 그녀는 손을 올려 눈가를

훔쳤다. 그리고는 돌아앉았다. 하지만 아직도 그녀의 눈은 젖어 있었다. 나는 치던 박수를 멈추고 멍하니 그냥 서 있었다. 그러자 그녀는 멋쩍은 듯이 씨익 웃으며 커피를 한 모금 했다.

조금 어색한 분위기를 깨려고 나는 수다를 떨었다.

"야, 영희야! 넌 분명히 나중에 유명한 음악가가 될 거야…. 대단한데?"

"영희야, 언제 그렇게 연습을 많이 했니? 야, 기성 음악가들보다 낫다, 나아…."

"영희야, 앞으로 나… 개인 레슨 해주라. 응? 레슨비는 하루에 소주 한 병… 어때?"

그러자 영희가 드디어 웃었다.

"나도 답가로 한 곡 칠까?"

"그래, 쳐봐."

난 지금 완벽히 칠 수 있는 곡은 입시곡인 모짜르트의 소나타 K545밖에는 없다. 그 당시 영창피아노 광고음악으로 자주 들려지던 가볍고 즐거운 곡이었다.

난 피아노에 앉아 가볍게 손을 풀고 곡을 쳤다. 그리고 영창피아노 광고에서와 같은 부분에서 멘트를 했다.

"피아노는 영~~창~~피아노!"

"하… 하… 하…."

우리는 희희낙락하며 여러 음악들을 장난으로 단조로 장조로 바꾸기도 하고 민요풍으로 부르기도 하는 등 재미나게 노래를 불렀다.

어느덧 긴 여름 해는 벌써 연습실 창가에 비스듬히 비치고 있었다. 몇 시간을 희희낙락했는지 모른다.

갑자기 배에서 꼬르륵 소리가 났다. 둘은 뜨거운 바람을 내뿜는 선풍기에 바싹 말라 얼굴이 기름만 반질반질했다. 즐거운 한때였다.

우리는 연습실 뒤편 화장실로 가서 세수를 하였다. 세수를 하고 나온 그녀의 얼굴이 너무나 아름다웠다. 갑자기 그녀를 껴안고 싶다는 충동이 불끈 일었다. 하지만 그녀의 초롱초롱한 눈빛을 마주 대하자 나는 깊은 심호흡으로 그 욕구를 잠재웠다.

음악관 입구 시계를 보니 벌써 오후 4시이다. 우리는 출출한 배를 부여안고 학교 정문을 나섰다. 그런데 갑자기 난 고픈 배에 밥알보다는 알코올을 부어 넣어야겠다는 욕구가 일었다. 하지만 그녀가 싫어할 텐데….

그것도 잠시, 난 그냥 무심한 듯이 그녀에게 말해 버렸다. 거절당할 것을 알고 있으면서도….

“영희야, 술 마시러 가자. 응?”

“미쳤니? 빈속에 무슨 술? 밥 먹으러 가야지…”라는 답이 나올 줄 알았는데 그녀는 아무렇지도 않은 듯 당연하다는 듯이,

“그래, 술 마시러 가자.”

“이효~~~!”

“넌, 술 마시는 게 그렇게 좋니?”

“아니….”

“그런데 왜 그렇게 좋아하니?”

“몰라. 그냥… 좋은 걸.”

“정말 너란 인간은 알다가도 모르겠다.”

“몰라도 좋아.”

“웃기네.”

나는 그녀를 우리 동지들의 아지트인 ‘감천’ 주식회사로 안내했다. 그곳은 말 그대로 ‘대폿집’이었다. 다 찌그러진 가게 내부에 음식찌꺼기들이 곳곳에 청소되지 않은 채 묻어 있고 인테리어라는 단어는 20년 후의 미래어로

치부되는 그런 '대폿집'이었다.

90년도인가? 정확히는 모르지만 '이상 문학상'을 받은 소설 '살아남은 자의 슬픔'의 주무대가 바로 여기 '감천'인 것이다.

이곳은 주로 운동(데모)하는 애들, 음악이나 미술 하는, 그래도 예술가라 하는 애들이 모여서 나라를 걱정하고 예술을 논하며 막걸리 잔을 비우던 전통 깊은 술집이었다.

술집은 한가했다. 구석 한 테이블에 몇 번 같이 돌멩이를 던지던 사회대 애들 두 명이 보였다. 나를 알아본 그 녀석들이 먼저 "어이!" 하고 손짓을 하려 했으나 뒤따라 들어오는 영희를 보고 올리던 손을 내리고 마시던 술잔을 집었다.

그러더니 모르는 척 그냥 눈인사만 하고 다시 이야기를 시작했다. 나도 그냥 눈짓만으로 그들과 인사를 하고 영희를 그 반대쪽 구석으로 안내했다.

영희는 처음에 가게가 너무 지저분해서 약간 눈살을 찌푸렸지만 곧 평상심을 찾고 자리에 앉았다.

"야, 학교 근처에 이런 곳이 있었는지 몰랐는데."

"모르는 게 당연하지, 너야."

"왜? 나도 술 좋아한단 말야."

"맥주는 술이 아니에요··· 음료수지."

"말도 안 된다. 그래도 많이 먹으면 취한다."

"하하···."

감천 고모(사장님)가 벌써 막걸리 한 주전자와 김치 쪼가리를 가져와 테이블에 올려놓고 입심을 발휘한다.

"요즘 왜 안 오나 했더니만 연애하느라고 바쁘셨구먼···."

"고모, 그기 아이고···."

"그기 아이면 내하고 사귈래?"

"히히, 그건 더욱 아이고. 헤헤."

"그래 뭐 주꼬? 이쁜 아가씨도 댓고 왔으니 맛난 거 해줘야 할꺼 아이가?"

"계란말이 두껍게 한 사발 해주이소. 계란말이는 고모가 하는 것이 최고여. 입에서 녹는다니까."

"아부는···. 확 입을 말아버릴까 부다. 알았다. 맛나게 해주마."

고모와 나의 말장난을 옆에서 듣던 영희는 웃음을 억지로 참다가 고모가 사라지자 푸하핫 하고 웃음을 토해냈다.

"참 재미있는 분이네."

"이 맛에 여기 온다니까. 운동(데모)하다가 배고파서 밥 달라 하면 고모가 진짜 쓰던 세숫대야에 온갖 것 넣고 밥을 비벼 주는데 정말 맛있다. 돈도 안 받아. 그리고 하여간 여긴 우리 아지트야."

곧 계란말이가 정말 한 사발 나오고, 맛을 본 영희는 연발 굿굿을 외치고, 막걸리 주전자는 해가 지기도전에 벌써 세 주전자나 갈았다. 배도 부르고 서서히 취기도 올라오기 시작했다.

난 쓸데없는 인생관…, 이데올로기… 등등의 열변을 토하며 영희의 동의를 연방 구했다.

지금 생각하면 정말 철따구니 없는 행동이었지만 그 당시는 그것이 이 세상의 전부였다.

막걸리가 한 주전자 더 들어가자 나도 이젠 서서히 지쳐 갔다. 좀 더 지나자 난 완전히 침묵을 지키게 되었고 영희는 물끄러미 그냥 나를 쳐다보고 있었다. 그리고 약간 화가 난 듯한 얼굴로 영희가 입을 열었다.

"넌 음악이 좋니… 데모가 좋니? 어느 쪽이 더 좋냐?"

"응? 웬 자다 체조하는 소리냐?"

"넌… 음대를 들어왔잖아? 안 그래?"

"그래, 맞아."

"그런데 넌 한 학기 내내 데모만 했잖아. 공부는 안 하고…."

"……."

"학교에서 니 얼굴 보기 힘들더라. 수업도 거의 안 들어오고…."

"……."

"4년 내내 데모만 할래?"

"……."

"너도 음악 좋아하잖아. 내가 보기엔 재질도 있어 보이는데. 같이 공부하자, 응?"

난 갑자기 화가 났다. 어제 어머니에게 들은 이야기의 재방송이었던 것이다.

"야, 니가 뭐 내 엄마라도 되냐? 왜 이래라 저래라냐? 내가 공부를 하든 말든, 학교를 나오든 말든, 음악을 하든 말든, 니가 무슨 상관이냐?"

"……."

둘 사이는 아무 말이 없었다. 서로가 서로에게 너무 심한 말을 한 것을 알았기 때문이다. 하지만 자존심 때문에 사과는 엄두도 못 내고 있었다.

난 고개를 푹 숙이고 영희를 바라보지 않았다. 그렇게 한 오 분쯤 흘렀다. 난 서서히 고개를 들어 영희를 보았다. 영희는 소리 없이 눈물만 흘리고 있었다. 이럴 때 손수건이 있어야 하는데….

난 일어나 주방으로 가서 두루마리 휴지를 대충 둘둘 말아 가져왔다.

그사이에 구석에 있던 사회대 애들은 분위기를 보고 얼른 자리를 떴다. 난 휴지를 영희의 얼굴 앞에 가져갔다. 하지만 영희는 휴지를 받지 않았다. 몇 번 휴지를 흔들어 보았지만 영희는 휴지를 받지 않았다.

난 하는 수 없이 내가 직접 영희의 눈물을 닦아 주었다. 닦는 도중 영희는 나에게서 휴지를 빼앗아 직접 눈물(콧물도 나왔을 것이다. 내 기억으로는…)을 닦았다.

난 다시 자리에 앉아 멍하니 천장만 바라보았다(지금 같아서는 담배 한 모금 피웠겠지만 그때는 담배를 피지 않았을 때라서 좀 답답했다).

영희가 나의 이 한심한 모습을 보고 있다는 사실을 알고 있었으면서도 난 어쩔 수가 없었다.

영희는 고모를 불렀다.

"여기 얼마예요?"

"야, 내가 낼게…. 나 돈 있어. 고모 얼마죠?"

"육천 원인데."

난 얼른 바지 주머니에서 돈을 꺼냈다. 딱 오천이백 원밖에 없었다. 난 얼른 돈을 고모 손에 쥐어 주고 돌아와 앉았다. 고모는 대충 알겠다는 듯이 씨익 웃고는 주방으로 들어갔다.

내가 돌아와 앉자 영희는 가방을 챙기고 일어날 기미를 보였다. 난 마시던 잔을 마저 비우고 다시 한 잔을 더 채웠다. 영희가 일어날 것이라는 것을 알면서도 영희의 잔에도 한가득 채웠다. 영희가 입을 열었다.

"넌, 그동안 내가 뭘 했는지 아니?"

"……."

"난 정말 힘들었어. 난 나 혼자였어. 난 친구도 없어. 친한 선배도 없어. 난 그동안 너만 찾았어. 하지만 넌…."

"……."

"네가 너무 보고 싶었어. 그동안…."

"……."

영희가 일어나더니 바로 나가버렸다.

난 그냥 멍하니 자리에 앉아 있었다. 나는 이 상황에서 뭘 해야 할지를 몰랐다. 전혀 학습되지 않은 상황이 나에게 급작스레 다가온 것이다.

쫓아가야 한다는 생각이 나의 머리를 채웠지만 나의 몸은 답답하게 그냥 굳어 있었다.

머릿속에는 "지금 나가도 못 찾을 거야. 벌써 멀리 갔을 테니까. 아니 버스를 탔을지도 몰라…."

그 순간 난 벌떡 일어났다. 그리고 쏜살같이 밖으로 뛰쳐나왔다. 그런데 대폿집 맞은편 전봇대 앞에 그녀가 서 있었다.

난 달려갔다. 그녀에게로…. 그리고 그녀를 안았다. 그리고 입맞춤을…, 길고 긴 입맞춤을….

3

그 해의 여름은 길었다. 사람을 지치게 하며 뜨거운 폭염을 쏟아 내었다. 전쟁은 이제 막바지에 접어들고 있었다. 저번처럼 휴전선을 긋는 일 따위는 하지 않을 것이다. 항복만이 양측의 최종 목표였다. 그러므로 작전 따위는 없었다. 무조건 승리를 위하여 혼신을 쏟아 부어야 했다.

국민학교 6학년 때 중학교 2학년짜리하고 맞짱을 떠 본 경험이 있다. 유도를 한다는 그 녀석은 나보다 몸무게가 최소 2배는 더 나가는 녀석이었다. 난 그 녀석에

비해 너무나 초라했다. 모든 조건이 그 녀석의 압승을 예고했다. 게다가 그 녀석은 욕을 잘했다. 험악한 욕설을 들으면 먼저 전의를 상실하게 된다.

그 중2 녀석은 매일 오후에 우리 학교 뒷골목에서 하교하는 아이들을 불러 삥을 뜯고 있었다. 난 학교에서 싸움은 한 적이 별로 없지만 나의 큰 키와 매섭게 생긴 눈초리에 다른 아이들은 지레 겁을 먹고 나를 학교 장군(짱)으로 추대했다. 내가 원한 것은 아니지만 그래도 학교생활이 재미있어 그냥 그대로 지냈다.

그런데 이런 날이 올 줄이야. 그동안의 특별대우는 이렇게 전쟁을 위한 총알받이용이라는 사실을 알지 못했던 것이다. 내 주변에 몰려다니는 녀석들은 끊임없이 나를 충동질했다.

"야, 씨파, 갱만아…, 그 시파 삥 뜯는 양아치 새끼… 중2라는데. X도 싸움도 못하는 기, 덩치만 커 갔고 아들 히야시만 먹인다카데. 씨파. 갱만아. 니가 먼저 선빵 먹이면 게임 끝이다 아이가. 아 씨파, 튓!"

사실 어떻게 될 줄도 모르는 상황에서 중2라고 하니 겁이 났다. 하지만 만일 여기서 지레 겁먹고 모른 척한다면 그동안의 예우는 완전히 정반대로 끝없는 비난과

야유로 돌변할 것이라는 사실이 그 어린 나의 뇌리를 압박해갔다.

며칠 잠을 설치고 머릿속으로는 수백 번의 싸움을 하였지만 확신이 서지 않았다. 하지만 더 이상 미룰 수는 없는 것이다. 생존의 문제였다.

대부분의 맞짱은 싸움으로 결말을 내지 않는다. 서로 위협만 주고 상대의 싸움 실력을 예측하고 결국 적당한 선에서 화해하고 휴전한다. 하지만 이번 경우는 다르다.

벌써 내 나와바리(영역)에서 우리 학교 애들이 여럿 피해를 보았고 상황은 돌이킬 수 없는 곳으로 와버린 것이다. 최소한 뺏긴 금액 전체는 아니더라도 얼마는 다시 뺏어 와야 한다.

결심했다. 싸우기로….

애들에게 그 중2 녀석을 학교 쓰레기처리장으로 데려오도록 하였다. 오후 5시. 애들은 모두 하교하고 학교는 축구하는 몇몇 애들을 빼고는 썰렁하였다. 난 먼저 쓰레기장으로 가 있었다. 잠시 후 애들이 몰려왔다. 그 중2 녀석도 그 중에 끼어있었다. 역시 덩치가 어른에 못지않았다.

마음속으로 몇 번이고 '선빵이야!'를 되뇌고 있는데 그

녀석이 뭐라고 욕을 하였다. 그러나 그 말속에는 두려움이 섞여 있다는 것을 본능적으로 알 수 있었다. 아마도 오는 도중 우리 애들이 나에 대해서 뭐라고 이야기를 했을 것이다.

그 녀석이 뭐라고 욕을 하며 침을 옆으로 뱉었다.

때는 이때다! 나는 주먹을 날렸다. 그러나 그 순간 나는 속으로 아차 했다. 내가 생각해도 너무나 느린 주먹이었다. 자신 없는 주먹은 녀석의 귓불을 스치고 지나갔다.

그 녀석은 갑작스런 기습에 놀람과 분노로 온갖 욕질을 하며 나에게 주먹을 날렸다. 하지만 내가 던진 주먹보다도 더 속도가 느렸다. 나는 숨을 힘껏 들이키고 주먹을 피함과 동시에 또다시 연속적으로 주먹을 날렸다. 이번에는 명중이다.

주변 애들은 와와 하며 우리들 주변을 감싸고 응원을 하였다. 녀석은 내가 던진 주먹세례에 결국 코피를 흘렸다.

대부분의 국민학교 싸움은 코피를 흘리면 게임 끝이다. 하지만 역시 중학생이었다. 녀석은 피를 흘리면서도 나에게 저돌적으로 달려들었다. 나는 뒷걸음질치며 계속 주먹을 날렸다. 녀석은 나의 주먹을 그 큰 얼굴로 막으며 계속 나에게 접근해 왔다.

도망갈 수는 없다. 나는 결국 몸싸움으로 접어들어야겠다고 생각했다. 다가오는 녀석의 멱살을 잡고 넘어뜨리려고 했다. 하지만 몸무게는 무시 못했다. 결국 나는 그 막중한 녀석에게 깔리게 되었다.

녀석은 나의 머리를 감싸고 헤드락을 걸었다. 대단한 힘이었다. 아무리 요동치며 발악을 하여도 녀석의 팔을 벗어날 수가 없었다.

그렇게 1~2분이 지났다. 이대로 있으면 패배였다.

녀석도 이젠 나의 힘이 빠지는 것을 느꼈는지 욕설을 하며 나에게 항복을 강요했다. 사실 녀석도 다른 대안이 없었다. 난 절망감을 느꼈지만 도저히 항복을 할 수가 없었다.

순간 난 튀어나온 녀석의 옆구리 뱃살을 악! 물었다. 한입 가득 녀석의 삼겹살이 들어와 나의 이에 박혔다. 난 남은 힘을 총동원하여 물고 늘어졌다.

녀석은 "악! 이 새끼가 깨무네?"라고 하더니 순간적으로 팔에서 힘을 뺐다.

그 순간을 노려 나는 녀석의 팔에서 벗어났다. 하지만

힘이 없었다. 숨도 가빠 오고, 심장은 터질 듯이 뛰고 있었다. 완전히 녹초가 된 상태였다. 그 순간 나의 얼굴을 보지 못했지만 아마도 하얀 백지장 같았을 것이다. 녀석도 마찬가지였다. 숨을 거칠게 내쉬고 얼굴은 하얗다.

나는 그 순간 '지치기는 마찬가지다. 여기서 더 공격하면 승리다'라는 확신을 얻었다. 다시 심호흡 몇 번을 하고 주먹을 날렸다. 역시 녀석은 반격을 하지 못하고 고개를 숙이고 나에게 다가왔다.

조금 전의 실수는 하지 않았다. 나는 양손으로 녀석의 머리카락을 한 움큼 쥐고 무릎으로 녀석의 얼굴을 가격했다. 무릎의 위력은 대단했다.

몇 번 무릎공격을 받은 녀석의 육중한 몸체가 뒤로 자빠졌다. 난 힘이 하나도 없었지만 녀석의 배 위에 올라타고 녀석을 두들겼다.

녀석의 얼굴은 완전히 만신창이가 되었다. 그러나 녀석도 항복은 하지 않았다. 나는 이제 주먹을 들 힘조차 없었다.

나는 녀석의 배 위에서 내려와 녀석에게 몇 번 발길질하고 다시는 우리 학교 근처에 얼씬도 하지 말라는 경고와 함께 그 자리를 벗어났다.

집으로 돌아오는 길에 나는 길가에 쭈그리고 앉아 토악질을 했다.

그 이후 난 며칠 동안 심한 몸살을 앓아서 학교에 3일 정도 결석했다.

승리였다. 물러날 곳 없는 배수진을 치고 얻어낸 승리였다. 정말 혼신을 다해 싸운 싸움이었다. 만일 다시 하라고 한다면 나는 내가 이길 수 있음을 알면서도 패배를 시인하고 싸움을 사양할 것이다.

그 해 여름도 마찬가지였다. 정말 젖 먹던 힘까지 짜내 싸우는 마지막 고비였다. 결국 결과는 우리들의 승리였다. 끊임없이 포기하지 않고 달려드는 힘없는 민초들의 승리였다.

갑자기 모든 것이 중단되었다. 시끄러운 소음 속에 길들여진 귀가 갑자기 모든 소음이 멎었을 때의 그 적막감에 적응하지 못하는 것과도 같았다.

무언가 미친 듯이 갈구하다가 그 대상이 순식간에 내 손아귀에 들어와 버려 실감을 하지 못했다. 일단 우리는 승리에 대한 개선 행진을 했다. 대구 근교 대학교 운동하는 애들은 모두 시내에 집결했다. 그리고 행진을 했다. 소리 높여 승리의 노래를 부르며 모두 어깨동무를 하고….

동아쇼핑 앞 광장에 모였다. 난 모르는 다른 학교 여학생과 어깨동무를 하고 같이 앉았다. 그리고 노래를 불렀다.

그런데 우리들 모임 바깥쪽에서 영희가 서 있었다. 난 반가운 마음에 손을 들어 이쪽으로 오라고 손짓을 했다. 하지만 영희는 손을 흔들어 답만 했을 뿐 나에게 오지 않았다. 난 무리에서 벗어나 영희에게로 갔다.

"영희야, 어떻게 알고 찾아왔냐?"

"응, 학생회관으로 너 찾으러 갔더니 이곳으로 가보라고 하더라."

"그래? 무슨 일 있어?"

"아니, 그냥 너 보려고…. 학기 내내 너를 본 적이 없어서…."

"그래, 미안해. 하지만…."

"그래, 알어. 신경 쓰지 마. 너 이렇게 봤으니까 됐어."

"그래, 고맙다. 그럼 조금만 기다려 줄래? 5분만….선배들한테 이야기 좀 하고 금방 올게."

"그래."

난 다른 학교 선배들과 친우들에게 일일이 인사하고 무리에서 빠져 나왔다. 난 영희를 데리고 가까운 커피숍으로 들어갔다. 영희가 무슨 할 말이 있는 것 같아 보였기 때문이다.

사실 학기 내내 영희를 몇 번 보지 못했다. 그것도 강의실에서 몇 번…. 이야기도 별로 나누지 못했다. 그렇게 몇 달이 흐르니 이젠 서로 서먹해지기까지 했다.

커피숍은 분위기가 좋았다. 간단히 커피를 시키고 난 입을 열었다.

"시내 나오니까 좋지?"

난 쓸데없는 이야기를 늘어놓았다.

"그래…."

영희는 그냥 인사 답을 하였다.

그사이에 커피가 왔다. 난 설탕, 프림을 가득 넣고 휘저어 한입 마셨다. 그리고 좀 뜸을 들이고…,

"그래, 그동안 너에게 너무 소홀했던 거 같아. 미안해. 하지만 이젠 나도 정상적으로 공부할 거야…. 그리고 우리 자주 만나자."

영희는 나의 이 희망찬 말에 대꾸가 없었다. 그리고

그냥 물끄러미 나를 바라보았다. 그러나 그녀의 눈망울은 심하게 요동쳤다. 금방이라도 눈물이 주르륵 흘러내릴 것 같은….

난 또 당황했다.

"영희야, 미안해. 정말 그동안…."

영희는 다시 아무 말 없다가 심호흡을 한 번 하고 무엇인가 결심을 한 듯 순간적으로 냉정을 찾았다. 그리고 조용히 입을 열었다.

"난…."

"응, 그래."

"난 사실 1학년 내내 너무 외롭고 힘들었어."

"그래, 미안해. 내가 같이 있어 줘야 하는데."

"난, 너를 좋아해."

"그래, 나도 널 좋아해."

"……."

"……."

침묵이 흘렀다.

다시 심호흡을 한 영희는 이젠 전혀 고저 없는 목소리로 낭송하듯 이야기를 꺼냈다.

"그동안 난 널 기다렸는데 넌 오지 않았어."

"그래, 미안해."

"그런 미안하다는 말은 하지 마. 난… 단지…."

"그래, 이야기 해봐."

"나, 우리 과 선배 K형과 사귀기로 했어."

"뭐? K형!"

K형은 군에 갔다 온 예비역이었다. 지금은 2학년이지만 1학년 때 대학가요제에 곡을 내서 입상도 하여 우리 과에서 물의를 빚었던 선배이다. 지금은 아니지만 그 당시만 해도 대중가요는 우리 전통 클래식을 하는 음악가에게는 천시되던 시절이었다.

K형은 외모에서부터 멋이 있었다. 그 당시 멋이라고는 모르는 일반 학생들과는 달리 옷 하나, 신발 하나에도 신경 써서 브랜드를 찾아 입었고, 헤어스타일까지도 연예인 뺨칠 정도로 신경 썼다. 완전한 부르주아였다.

난 어이가 없었다. 그래, 외로워서 다른 남자를 사귈 수도 있지. 하지만 K형이라니…. 그 부르주아를…. 결국 영희도 그 정도밖에 되지 않은 여자였던가?

나의 머리는 실연 당했다는 충격보다도 내가 좋아하던 여자가 부르주아를 좋아하는 속물이었다는 사실에 더 큰 충격과 분노가 일었다. 그러자 난 갑자기 냉정해지며 코웃음을 쳤다.

"그래, 잘 됐네. 넌 그 K형과 잘 어울릴 거야. 앞으로 잘 해봐!" 하고는 벌떡 일어나 밖으로 나가버렸다.

난 밖으로 나와 잠시 하늘을 쳐다보고 한숨을 내쉬었다. 그렇게 쏘아붙이고 나왔지만 난 영희의 얼굴이 다시 보고 싶어졌다. 하지만 그 그리움을 목 속으로 꼴깍 삼키고 집으로 향하는 버스에 올랐다.

버스 창가로 많은 대학생들의 승리 행렬이 보였다. 하지만 그러한 모습들이 나와 아무 상관없이 느껴졌다. 그냥 피곤했다. 생각 자체를 하고 싶지 않았다. 그러나 영희의 얼굴만이 내 머릿속에서 맴돌고 있었다. 이제 헤어진 지 몇 분 되지 않았음에도 영희의 얼굴은 흐릿해져 갔다.

"그래, 빨리 잊자…."

버스는 천천히 집으로 향했다.

며칠을 방구석에 처박혀 아무것도 하지 않았다. 머릿속에는 온통 영희의 얼굴과 귀신같은 전경들의 모습과 그들이 쏜 최루탄 연기와 우리들의 함성이 휘감고 지나다니고 있었다.

무엇을 어떻게 하겠다는 계획도 없었고, 어떤 생각조차도 하지 않았고 하기도 싫었다.

모든 것은 텅 비어버렸고 그 텅 빈 공간을 메울 그 무엇의 대안은 나에게 존재하지 않았다. 가족들은 모두 작당을 한 것처럼 나에게 무관심했고 그것이 나에게는 큰 무게감으로 다가왔다.

이틀째 되던 오후에 학교 선배가 찾아왔으나 그냥 돌려보냈고, 그날 저녁에 폐인(폐인에 대해서도 나중에 길게 이야기할 것이다)들이 소주 대병 하나와 말린 명태 한 마리를 짊어지고 찾아왔다.

난 술이 고팠고 허겁지겁 강소주만 들이켰다. 폐인들은 그냥 쓸데없는 일상 이야기를 하며 나의 눈치를 살피고 있었고 언제 본론을 끄집어내냐를 기다리고 있었다.

하지만 나의 머리는 서론, 본론, 결론을 규정지을 수가 없었고 그냥 횡설수설하였다. 몇 번을 토악질하고 결국 새벽녘에야 난 쓰러져 끙끙 앓았다.

다음날 난 끊임없는 악몽에 시달리며 혼수상태에 빠졌다. 가끔 엄마의 걱정스러운 목소리가 들렸고 난 그냥 인사불성이었다. 중간에 잠시 정신을 차렸는데 병원이었다. 나의 팔에는 링거가 꽂혀 있었고 나중에 알고 보니 그 당시 나의 체온은 40도를 넘나들고 있었다고 한다.

3일 동안 병원 신세를 지고 꾀죄죄한 모습으로 퇴원했다. 하지만 나의 완치된 육체와는 달리 나의 머릿속은 더욱 심한 고열에 시달리고 있었다.

다음날 새벽, 조용히 가방에다가 옷가지와 마이마이(워크맨)를 챙기고 집을 나서 동대구역으로 향했다.

영주로 향하는 비둘기호 차편을 끊었다. 기차는 세상을 초월한 해탈자와 같이 여유 있게 5시간 동안 가다가 서고, 가다가 서고를 반복하며 느릿느릿 영주에 도착했다.

경북의 최고 북단 영주, 이제 집과 같은 친근함을 주는 기차에서 내려 역사를 빠져 나왔다.

생전 처음 밟아보는 낯선 지방과 사람들, 하지만 나에게는 오히려 친근했다. 이곳에는 나를 알아보는 사람이 아무도 없다.

난 그동안 내가 만든 성을 벗어나 처음으로 돌아온 듯한 자유감을 느꼈다. 하지만 아직도 나의 가슴 한가운데는 텅 비어 있었다.

아침도 먹지 않아 속은 쓰라렸지만 아무것도 먹고 싶은 생각은 없었다. 그냥 발길이 닿는 데로 걷고 또 걸었다.

5일장이 서고 있었다. 시장 한가운데를 걸어 들어갔다. 사람들의 시끌벅적한 소리가 들렸지만 그 소리는 나의 귀를 통하여 뇌에 도착했을 때에는 그냥 윙윙거리는 소리로 바뀌어 있었다.

누군가 나의 옷깃을 잡아끌었다. 고개를 돌려 보니 허리가 완전히 굽은 할머니가 삶은 옥수수 두 개를 비닐에 넣어 나에게 건네주었다.

난 그냥 반사적으로 그 옥수수를 받아 쥐고 주머니에서 천 원짜리 한 장을 꺼내 할머니에게 주었다. 할머니는 고쟁이 안쪽에서 잔돈을 꺼내려고 우물쭈물하고 있었다.

난 그냥 계속 걸었다. 한참을 걸어가서야 오른손에 잡힌 옥수수 비닐봉지를 발견했다.

갑자기 허기가 몰려왔다. 비닐을 풀고 옥수수 하나를 꺼내 한입 베어 물었다. 옥수숫대와 알들이 한입 가득 부서져 들어왔다.

난 약간 짭조름한 맛만을 느끼며 그냥 씹었다. 순식간에 옥수수 하나를 통째로 씹어 먹고는 다시 하나를 꺼내 몇 입을 깨어 물었지만 목구멍으로 넘어가지 않았다. 하지만 계속 무의식적으로 씹고 또 씹었다.

이젠 액체가 되어 나의 입을 맴돌고 있었지만 결국 나의 목구멍으로 넘어가지는 못했다. 결국 뱉어내고 손에 쥐고 있던 옥수수도 길가에 버렸다.

늙은 여름은 허리가 휘어 먼 산등성이에 마지막 옷자락을 남기고 사라져갔다. 하루 종일 뙤약볕에서 걸었으니 지칠 때도 되었다. 나는 허우적거리며 다시 기차역으로 돌아왔다.

한참을 역사 의자에 앉아 있었다. 곧 술 취한 주정뱅이들이 하나 둘 자리를 잡고 먹다 남은 소주병을 기울였다.

난 득달같이 달려드는 모기들을 쫓으며 그냥 하릴없이 멍하게 앉아 있었다. 마지막 기차를 잡아타려는 여객들의 시끄러운 소리들도 잠시뿐, 마지막 기차가 떠나자 하루의 힘겨운 짐을 벗어버린 듯 역사는 곧 조용해져 갔다. 난 오히려 조용해지자 마음이 불안해졌다.

난 역을 벗어나 또 걸었다. 하지만 하루 종일 걸은 탓에 종아리에 알이 뱄다. 다리를 절룩거리며 역 뒤 시장으로 접어들었다.

시장을 지나 뒷골목으로 들어가자 골목 양쪽으로 붉은 빛의 조명을 한 통유리로 된 가게들이 즐비하게 늘어서 있었다. 그곳이 어떤 가게인지는 알았지만 난 발길을 돌릴 의욕이 없었다.

조금 걸어 들어가자 예상했던 대로 나이가 들어 보이는 여자가 나의 팔을 잡아끈다. 뭐라고 능청스럽고 얼굴 붉히는 이야기를 했지만 난 상관이 없었다.

난 그녀가 이끄는 데로 따라 들어갔다. 좀더 협소하고 좁은 골목을 지나 작은방 하나에 안내되어 들어갔다.

방에 들어가기 전에 늙은 아줌마는 나에게 돈을 지불할 것을 요구했다. 얼마냐고 묻는 나에게 한참을 이것저것 변명 비슷한 것을 늘어놓고는 결국 숏타임 1만원, 롱타임 3만원을 요구했다. 난 3만원을 주고 방으로 들어섰다.

방은 협소했으나 아기자기하게 꾸며져 있었다. 국민학교 시절 우리 집 문간방에 세 들어 살던 신혼부부의 방을 연상시켰다. 침대 하나와 각종 여자용 세간살이가 요

목조목 자리를 잡고 있었다.

붉은 조명을 제외하고는 전체적으로 나의 마음에 드는 방이었다. 피곤한 몸을 침대에 벌렁 던져 눕히고 팔베개를 한 채 잠시 천정을 올려다보고 있는데 노크도 없이 젊은 여자 하나가 들어왔다. 난 고개를 돌려 그녀를 확인하고 그냥 누워있었다.

여자는 방바닥에 철퍼덕 앉아 먼저 담배 하나를 베어문다. 멀리서 은은히 소주냄새가 내 코를 간지럽힌다.

'장미'라고 써진 길다란 담배 한 개비를 반도 피우지 않고 그녀는 재떨이에 비벼 끈다.

"오빠…, 나 술 한잔 했어."

"……."

"오빠…, 나 술 한잔 사주라. 응? 우리 술 한잔 하자."

그때서야 난 고개를 돌려 그녀를 본다. 대략 내 또래는 되어 보인다.

난 주머니에서 만 원짜리 하나를 꺼내 건네주었다. 여자는 무슨 커다란 선물을 받은 듯 뛸 듯이 기뻐하며 만 원을 챙겨 들고 밖으로 나가버렸다.

삼십 분이 지나도 돌아오지 않는다. 난 포기하고 그냥 자려고 드러누웠다. 그때서야 문이 열리고 여자가 소주와 안줏거리를 한 아름 들고 들어왔다. 오다가 아는 언니를 만나 한참을 이야기하다가 왔단다.

술잔이 왔다 갔다 했다. 여자는 계속 자신의 과거사를 이야기했다. 어릴 적 가출하고 다방, 룸살롱 등을 전전하며 결국 술을 너무 많이 마셔 속병을 앓아 이곳까지 흘러 들어왔다는 등….

난 별로 관심이 없었지만 점점 여자가 친근해져갔다. 나이를 물어보니 생각 외로 동갑이었다.

난 문득 영희를 떠올렸다. 그녀는 지금 무얼 하고 있을까? K형과 즐거운 시간을 지내고 있을까? 아니면 혹시 나를 생각하고 있을까?

"오빠, 뭐해. 한잔 하자."

난 퍼뜩 정신을 차리고 그녀가 따라 준 소주잔을 비웠다.

"오빠, 술 잘하네…."

여자는 계속 떠들며 술잔을 비웠다. 몇 년 동안 술이라곤 입에도 대지 않은 것처럼… 취했다. 여자도 취했고 나도 취했다. 언뜻 술병을 세어보니 6병이다.

몇 잔을 더 마시자 이젠 술에 취해 눈꺼풀을 들고 있을 힘조차 없었다. 난 그 자리에서 뒤로 벌러덩 누워버렸다.

"오빠, 정신 차려. 술 취했어?"

"……."

"오빠, 한 번 하고 자야지. 얼른 일어나, 씻어."

"……."

"……."

눈을 떴다. 잠시 여기가 어딘가 헷갈렸지만 곧 영주역 뒷골목이라는 것을 알 수 있었다. 머리가 깨어지게 아프지만 난 일어났다.

주섬주섬 나의 가방과 안경을 챙겨 쓰고 주변을 확인했다. 여자는 침대에 옷을 입은 채로 자고 있었다.

가까이 가서 그녀의 자는 얼굴을 내려다보았다. 곱게 감은 두 눈과 오목조목한 이목구비가 제법 예쁘고 귀여웠다.

그러자 갑자기 영희의 얼굴이 떠올랐다. 뭔가 묘하다는 듯한 표정과 짧은 머리, 둥글고 큰 눈동자, 조금은 뾰족한 볼과 턱…, 머리를 흔들어 영희의 얼굴을 지워버리고 난 그 방을 나왔다.

영주에서 강릉으로 가는 열차를 탔다. 해안을 끼고 열차는 마치 하늘나라 마차가 된 듯 환상적인 경치를 보여주며 강릉에 도착했다.

양구로 목적지를 정한 나는 춘천으로 가야 한다. 하지만 벌써 돈을 다 써버린 나는 그냥 강릉역에 머물렀다. 아무 계획도 없이….

강릉역에서 쫄쫄 굶으면서 하루를 보냈다. 다시 아무 대책 없이 강릉역에서 하루를 더 보내야 한다. 저녁이 되자 몇몇 동숙자들이 역사를 찾아들었다. 난 밖으로 나와 역 광장 벤치에 앉아 음악을 들었다.

차이코프스키의 비창….

눈을 감고 음악으로 배고픔을 잊으려고 하고 있는데, 누군가 나의 어깨를 툭 쳤다. 눈을 들어보니 말끔하게 군복을 차려 입은 군인이었다. 손에는 캔맥주와 구운 오징어를 들고 있었다.

그는 어느 장군의 차를 운전하는 운전병이란다. 그 군인의 말로는 장군의 애인이 여기 강릉역 근처에서 카페를 하는데, 가끔 와서 하룻밤을 자고 간단다. 여관비는 받았지만 아직 초저녁이라 심심해서 역 광장으로 왔는데 같이 술 한잔 할 사람을 찾았다는 것이다.

난 덕분에 맥주 두 캔과 오징어로 허기를 때우고 다음날 춘천과 양구로 갈 여비까지 빌렸다. 난 반드시 갚겠다고 약속을 하며 그 군인이 근무하는 부대도 받아 적었다. 하지만 20여 년이 지난 지금까지 그 고마운 군인에게 신세를 갚지 못했다.

난 다음날 춘천에 도착했다. 이곳저곳에 물어보았더니 양구는 배를 타고 소양강을 거슬러 올라가야 한다는 것을 알았다. 난 소양감 댐에 위치한 배 선착장으로 가서 배를 탔다.

대략 삼사십 분 정도 걸릴 줄 알았는데 양구까지는 두 시간 반 이상 걸린단다. 아직도 허기와 갈증에 시달리는 나에게는 고문과 같은 두 시간이었다.

배에서 내려 유명하다는 약수터에서 물을 몇 바가지 들이켰다. 옆에서 지켜보던 할머니가 한마디 던졌다.

"약수는 한꺼번에 많이 먹는다고 좋은 게 아녀."

난 공중전화를 찾아 양구에 사는 외삼촌 집으로 전화했다. 외사촌 형이 전화를 받았다.

갑작스런 방문이라 많이 놀라는 눈치였지만 30분 만에 트럭을 몰고 와서 반겼다. 소와 돼지 농장을 하는 외삼촌은 이번 여름에 돼지 콜레라로 기르던 돼지 삼천 마리가 떼죽음을 당하였단다.

대단한 환영을 받은 후 곧 대구 어머니에게서 전화가 왔다. 심하게 꾸중할 것으로 예상했는데 오히려 외삼촌 집에서 푹 쉬고 오란다.

난 외삼촌 집에서 열흘 정도 돼지똥을 치우다가 대구로 돌아왔다. 여비도 두둑이 받아서….

다음 학기는 학교를 다니는 둥 마는 둥 그냥 허송세월을 보냈다. 영희가 일부러 나를 피하는지 영희의 얼굴을 보지 못했다. 수업까지 빼먹으면서 나를 피하다니…. 난 상관하지 않았다.

모든 것이 공허했고 나의 생활은 목표점을 잃은 미사일과 같이 일관성 없는 일과를 보냈다. 폭음을 자주했으며 그 후 며칠은 집에 처박혀 끙끙 앓아야 했다. 몇 달을 헤매고 보니 나도 이래선 안 되겠다 싶었다.

군에 가기로 결심했다. 휴학계를 내고 군입대를 신청했다. 신체검사도 받고 입영날짜가 정해졌다. 2월 14일….

겨울 방학이 시작되었다. 난 15만 원으로 고속버스터미널 건너편에 호두과자와 오뎅을 파는 작은 포장마차를 인수했다. 장사는 생각 외로 잘되었다. 하루에 매상이 7~8만 원은 족히 나온다. 단지 연탄가스 때문에 밤이면 심한 두통을 앓아야 한다는 단점이 있었지만….

매서운 추위가 몰아치는 1월 말이 되었다. 난 입영일 보름을 남기고 포장마차를 접었다. 그동안 번 돈 중 보름 동안 마실 술값 삼십만 원만 남기고 모두 어머니께 드렸다.

자, 이제 술독에 빠져보자! 대백 뒷골목 소줏집에 방 하나를 거의 전세 내다시피 하여 친구들은 언제나 그곳에 오면 나를 만날 수 있었다.

매일 친구들이 와서 낮이고 밤이고 같이 술을 마시고 울고 웃고 했다. 그 중에 몇몇 여자 친구들은 나를 위해 울어 주었다. 난 그녀들을 위로하며 영희를 떠올렸다. 날 위해 울어줄 진정한 여자는 영희인데….

술판은 입영 이틀 전에 종지부를 찍었다. 마지막 술판… 난 영희를 기다렸다. 하지만 새벽녘이 되도록 영희는 나타나지 않았다. 난 마음이 착잡했다. 영희는 내가 입영하는 날에도 나타나지 않았다. 난 간절히 영희가 보고 싶었다.

군생활은 힘들었다. 새로운 환경에의 적응과 철저히 혼자가 된 외로움과의 사투였다. 가족들도 생각이 많이 났지만 영희가 더더욱 그리웠다.

10개월의 힘든 군생활 후 첫 휴가…. 난 영희를 보려고 휴가를 나간다.

학교를 찾았다. 아무리 둘러보아도 영희는 보이지 않는다. 친구들을 만났다. 어김없이 술판이다. 난 영희의 소식을 가장 잘 알고 있을 법한 친구에게 은근히 영희의 소식을 물었다.

"영희, 걔… 학교생활 완전히 엉망인 것 같아. 그 K형과 한 반년 사귀더니만 K형이 영희를 찼지. 그 형 잘 알잖아? 여자관계 복잡한 거…. 하여간 영희는 그것 때문인지 요 며칠 학교에 안 나오더라."

난 가슴이 찢어지는 듯했다. 그날도 난 오버해서 술을 마셨다. 며칠을 집에서 끙끙 앓다가 일어나 또 술만 마시다가 군으로 복귀했다.

상병을 달고 두 번째 휴가이다.

학교를 찾았다. 그전 그 친구를 또 만났다. 영희의 일을 물었다.

"영희, 걔… 너 저번 휴가 나왔다가 들어가고 얼마 지나지 않아 우리 과 L형과 사귀기 시작했지. 근데 또 얼마 전 L형에게 차였다 카데…. 에구, 영희는 왜 그런 남자들만 사귀는지 몰라. 하여간 요즘 또 학교에 안 나와."

난 또 술만 마시다가 복귀했다.

마지막 말년 휴가이다.

어김없이 영희의 소식을 알아봤다.

"영희… 걔, 완전히 학교에서 인식이 좋지 않아…. L형과 헤어지고 또 우리 과 선배 P와 사귀었지. 결과야 뭐… P에게 차였지 뭐…. 이번에는 영희가 휴학계를 냈대…."

난 복귀했다.

4

세상은 바뀌었다. 단지 정치가 바뀐 것만이 아니라 문화도 바뀌었다. 사람들의 생활 방식과 생각조차도 바뀌어 나를 당황하게 했다.

모든 것은 가벼워졌으며 가벼움은 특권이었다. 그 어느 누구도 무거움과 신중함에 눈길을 주지 않는다.

단 3년 만에 이렇게 가치관이 뒤바뀐다는 사실에 놀라고 있었다. 난 빠른 흐름 속에 그냥 몸을 움츠리고 있을 수밖에 없었다.

복학하고 처음으로 당황스러웠던 것은 새로운 사람들

과 같이 학교생활을 해야 한다는 것이었다. 난 예비역 노땅이었으며 3년 늦게 들어온 후배들과 같이 학교를 다녀야 했으며 그들은 우리를(예비역) 졸업동기라고 했다. 난 그들과 잘 어울리지 못했고 항상 외톨이로 다녀야만 했다.

그런데 중요한 사실 하나를 알게 되었다. 대부분 나의 여자 동기들은 졸업을 했는데, 영희만은 1년 휴학을 해서 4학년으로 나와 같이 학교를 다닌다는 사실이었다. 또한 영희는 지금 C교수님 방순(조교)이란다. 또한 하늘이 돕는지 나의 지도교수님의 연구실이 바로 그 C교수님 연구실과 마주보고 있다는 사실이었다.

난 다음날부터 우리 지도교수님 방에서 살았다. 물론 우리 지도교수님에게도 방순이가 있었지만 2년 후배인 그녀를 완전히 압도하여 거의 내가 연구실 2인자가 되었다.

며칠 지나지 않아 영희와 마주치게 되었다. 영희는 무척 놀라는 표정이었지만 난 태연하게 그녀에게 인사를 했다.

"오랜만이다 영희야. 철수는 잘 있니?"

"응(약간 웃으며) 그래, 잘 있다. 니 덕분으로…. 복학했어?"

"그래, 참… 너완 인연이 있긴 있나보네? 2년씩이나 같이 다니게 되니."

"그래, 그런가 보다."

그날은 그렇게 첫인사를 마무리 지었다. 하지만 영희의 눈가에는 나에 대한 미안함이 묻어있음을 육감적으로 느낄 수 있었다.

사실 영희의 그 다양한 남자 편력은 우리 과에서 모르는 사람이 없을 정도로 유명했으니까. 영희도 내가 그 사실을 알고 있다고 생각했을 것이다. 물론 다 알고 있다.

가끔 월요연주회(작곡과 연주회)나 금요연주회(음악대 연주회) 또는 외부 연주회를 마치면 난 C교수님과 그 제자들, 그리고 우리 교수님과 그 제자들을 모아서 회식자리를 자주 만들었다. 물론 영희도 자주 그 자리에 나타났다. 어쩔 수 없이(졸업하려면…).

영희는 예외 없이 나를 피했다. 술자리에서 어느 정도 분위기가 무르익으면 어느새 영희는 사라지고 없다. 하지만 난 기다렸다. 영희가 나에 대한 예전 마음을 정리하기만을…. 난 다시 처음으로 돌아가 영희와 첫 조우를 하고 싶은 마음뿐이었다. 그렇지만 거의 한 학기를 우리는 그렇게 서먹서먹하게 지냈다.

그날은 월요일이었다. 월요일이면 강당에서 우리 작곡과만의 연주회가 열린다. 연주회는 저녁 5시 반부터 시작하는데 대략 한두 시간 걸린다.

연주를 마치면 교수님과 선배 또는 학우들의 신랄한 비평이 있고 대략 8시쯤 마치고 뒤풀이를 한다. 학교 근처 술집으로 가게 되고 그곳에서도 뜨거운 음악적 논쟁이 벌어진다.

마침 오늘은 C교수님의 수제자인 폐인대장(폐인대장에 대해서도 나중에 길게 이야기 할 것이다)의 곡이 연주되는 날이다.

곡도 훌륭했지만 뒤풀이도 마음에 들었다. 그동안 다른 후배들의 뒤풀이는 대부분이 호프집이었다. 호프집은 마음이 편하지 않다. 하지만 폐인대장은 1차로 '감천'에서 막걸리로 배를 채우고 2차로 돼지찌개를 잘한다는 소줏집으로 향했다.

1차 '감천'에서는 의도적인지 아닌지는 모르지만 영희가 나타나지 않았다. 하지만 2차 돼지찌개 집에서는 어느 정도 분위기가 무르익자 영희가 중간에 나타났다.

나는 항상 끝자리에 앉기 때문에 영희도 나중에 들어와서 어쩔 수 없이 내 옆에 앉게 되었다(난 그 이후로 끝자리에 앉지 않는다).

영희는 술은 마시지 않았고 그냥 안주만 탐냈다. 난 술이 어느 정도 들어갔지만 취하지는 않았다. 대략 20여 명의 학우들이 있었다.

난 갑자기 목소리 톤을 높여 영희를 불렀다.

"영희야."

"왜…?"

"영희야, 내가 너 좋아한 것 아냐?"

내가 큰소리로 이야기하자 술을 마시던 나머지 학우들이 약간 멈칫하는 듯하였다. 하지만 그들도 어느 정도 나와 영희의 분위기를 알고 있었으므로 곧 평상을 찾고 무관심한 척 떠들며 이야기를 했다.

하지만 영희는 적이 당황한 것 같았다.

"어머, 얘가 취했나봐…."

"영희야, 대답해봐. 영희야, 내가 너 좋아한 것 아냐고?"

영희는 마지못해 대답했다.

"그래, 안다 알아…."

"그래, 영희야, 그런데 영희야."

"그래, 말해봐."

"그런데 영희야, 내가 아직도 너 좋아하는 거 아냐?"

그러자 잠시 모든 것이 정지된 듯 조용해졌다. 분위기가 묘해지자 폐인대장이 먼저 분위기를 흩트렸다.

"자… 한잔들 하자고…. 누가 막걸리 블루스 함 부를래?"

그러자 다시 분위기는 정상을 찾았고 나와 영희만이 침묵을 지키고 있었다. 난 바보같이 고개를 숙이고 있었고 영희는 조용했다. 난 고개를 힐끗 들어 영희의 얼굴을 잠시 쳐다보았다.

영희는 굳어진 얼굴로 상 위의 안주들을 노려보고 있었지만 난 그녀의 눈망울에서 솟아나는 눈물을 보았다.

영희는 젓가락으로 안주 하나를 집으려 했으나 눈이 흐렸는지 안주를 몇 번이나 놓쳤다.

그 순간 폐인 한 명이 '막걸리 블루스'를 구성지게 부르기 시작했다. 모두들 젓가락으로 상을 두드리며 장단을 맞췄다.

막걸리가 부른다~~ 빈대떡이 부른다.

술상 위의 술잔들이 웃는다. 빈대떡이 방긋 웃는다.

부어라 마셔라 취할 때까지

막걸리 코스앤드

막걸리 코스앤드

막걸리 블루스~~

막걸 막걸리

막걸 막걸리

대구병 막걸리… 막걸리!

막걸리 블루스를 막 마치려는 순간 영희는 벌떡 일어나 나가버렸다. 난 또 몸이 굳었다. 따라 나가야 한다는 사실이 너무나 당연하지만 나의 몸은 굳어 있었다. 심호흡을 한 번 하고 나는 몸을 일으켰다. 그때처럼 영희가 밖에서 나를 기다리리라 생각하고….

하지만 밖에는 영희가 없었다. 맞은편 전봇대에는 심하게 술을 먹고 토악질하는 사람만이 구부리고 있었다.

난 후텁지근한 한여름 밤공기를 맞으며 학교 주변을 돌아다녔다. 나의 머리는 영희를 찾아야 한다는 생각보다는 그냥 그 무엇인가, 존재하지 않는 그 무엇인가를 애타게 찾고 있었다.

영희가 연구실로 찾아왔다. 손에는 음료수병을 들고….

"어머, 영희 아니니? 영희가 어쩐 일로 내 방을 찾아주니?"

우리 지도교수는 좀처럼 찾아오지 않던 영희의 등장에 놀라는 듯했다. 그리고 내 얼굴을 한번 힐끗 쳐다보았다. 의미심장한 표정으로….

영희는 좀 쑥스럽다는 듯이 약간 얼굴을 붉히고….

"이번 학기 학점도 잘 주시고 해서…."

"그래? 내가 뭘 줬더라? 아하 A…. 하지만 A뿔이 10명이나 되는데…."

"그래도…."

"호호호, 그래그래 잘 왔어. 여기 앉아서 놀다가."

"예."

영희는 내 옆자리에 앉았다. 교수님은 이것저것 몇 가

지 이야기를 늘어놓고는 무슨 바쁜 일이 있다며 방을 나가버렸다. 영희와 나만 남겨 두고….

우리는 서로 별말 없이 그냥 앉아 있었다. 꿔다 논 보릿자루마냥….

이런 어색한 침묵을 깬 것은 영희였다.

"우리, 밥 먹으러 가자. 내가 맛있는 거 사줄게."

"벌써? 열한 시밖에 안 됐는데?"

"나, 아침 안 먹었거든. 배고프다. 혼자 먹기도 뭐하고. 같이 먹자, 응?"

"그래, 가자."

우리는 학교 앞 분식점에서 시원한 콩국수를 먹었다. 점심을 먹고 난 후 우리는 찌는 듯한 버스를 타고 수성유원지로 향했다. 한가한 유원지를 둘이서 누비며 졸고 있는 놀이기구들을 하나씩 깨워 나갔다. 놀이 기구를 탐닉한 우리는 아이스크림 하나씩 먹으며 수성못을 한 바퀴 돌고 났더니 어느덧 해가 뉘엿뉘엿 지고 있었다.

다시 버스를 타고 학교에 내렸다. 즐겁고 행복한 한때였다. 영희를 자취방에 데려다 주고 난 버스를 타고 집으로 돌아왔다.

그 후 난 학교 학우들의 시선을 무시한 채 영희와 같이 지냈다. 식사도 같이 하고 무슨 일이 있으면 영희 옆에는 항상 내가 있었다. 영희도 행복해하는 것 같았다.

하지만 이렇게 외형적으로는 닭살커플로 보였지만 실질적인 진행은 그것이 전부 다였다. 그러한 상황에 우리는 만족하고 있었다. 왜냐면 우리는 서로 눈빛만 마주쳐도 서로가 서로를 얼마나 사랑하고 이해하고 있는지를 알았기 때문이다.

우리는 거의 매일 학교 후문 앞 ING라는 퓨전 카페에서 속삭였으며 가끔 정문 앞 FILL이라는 카페에서 차를 마시며 여유 있는 유희를 즐겼다.

행복한 영희와 나의 2학기는 금방 지나갔다.

2학기를 마무리 짓는 11월경에 영희와 나는 어김없이 점심 후에 FILL에서 차를 마시며 가을 오후의 정취를 즐길 때였다.

영희는 아무렇지도 않은 듯이 가벼운 말을 꺼냈다.

"나 졸업 후에 유학 가려고 하는데…."

"유학? 어디로?"

"미국."

"……."

난 갑작스런 현실 앞에 말문이 막혔다. 난 왜 영희의 진로에 대해서 생각을 하지 못했던 것일까? 난 단지 영희와 같이 있다는 행복에 겨워 미래를 생각하지 못했던 것이다. 난 이렇게 영원히 같이 있을 줄로만 알았다. 참으로 어리석고 철없었던 시절이었다.

며칠 후 우리는 또 FILL에서 차를 마시고 있었다. 영희가 또 대수롭지 않다는 듯이 말을 꺼냈다.

"다음주부터 어학강좌 들으려고 하는데 같이 안 들을래?"

"어학강좌?"

"응, 유학 준비해야지."

"……."

난 뭐라고 말을 할 수 없었다. 난 이 무거운 현실 앞에 얼어버린 것이다.

난 당장 영희에게, "그래, 같이 듣자. 그리구 같이 유학 가자"라고 말할 수 없었다.

그동안 난 유학의 "유" 자도 생각해 보지 않았기 때문이다. 그리고 이제 3학년 올라가는데….

난 여기 이 학교가 좋고, 우리 선배와 후배, 동기들이 좋았다. 난 그들에게 친구 이상의 그 무엇인가의 정을 느꼈다.

난 갑자기 나와는 너무나 먼 거리에 서 있는 영희를 느꼈다. 그건 현실이었다. 정말 이 현실 앞에서 무기력한 모습을 보여야 하는가?

나는 다시금 영희에 대한 나의 감정을 재정리하여 보았다. 하지만 결론이 나지 않았다.

항상 삶은 그렇다. 내가 '추구해야 하는 삶'과 '현실의 삶'과의 괴리를 나에게 숙제로 안겨주는 것 같다.

몇 번 더 영희를 만났지만 난 이 어려운 숙제를 풀지 못하고 있었으므로 영희를 볼 때마다 항상 마음이 무거웠다.

영희는 이런 나의 심정을 아는지 모르는지 항상 태도는 동일하다. 그 묘하다는 표정 속에 은근히 비치는 미소, 그리고 크고 맑은 두 눈동자….

어느덧 선선함이 매서움으로 바뀌더니 어김없이 겨울이 찾아왔다. 영희와 나는 특별한 약속 없이 겨울방학을 맞았다. 영희는 어학강좌를 듣느라 바빴고 난 전공공부를 하느라고 바빴다. 하지만 그건 외형적인 핑계였고 우리는 이 해답이 무거운 현실의 눈초리를 요리조리 피해 다니고 있었다.

방학이 되자 난 집구석에 처박혔고 이 난해한 문제를 풀기 위해 노심초사했다.

가끔 폐인들과 술잔을 기울였지만 폐인들에겐 이 문제를 말하지는 않았다. 답은 뻔하니까.

"까짓 거 뭐, 니가 영희를 좋아한다면 뭐, 유학 가야지 뭐."

단순하고 명료한 답이었다. 하지만 그것이 정답인줄을 뻔히 알지만 난 그 답을 도출하는 공식을 알기 위하여 전전긍긍했다.

물론 이러한 습성이 나의 단점이자 장점인 것을 지금에서야 조금씩 깨닫기 시작했지만 그 당시의 나는 나의 그 우유부단함에 가슴이 타 들어갔다.

그날도 술이 취해 밤늦게 영희의 자취방으로 전화를

하였다.

"영희야, 내 사랑 영희야…. 나, 너만 좋아하는 거 알지?"

"또, 또…, 술 마셨구나. 술 취했으면 얼른 발 닦고 주무셔."

"그래, 그래, 그래야지. 음… 영희야."

"왜?"

"우리 첫눈이 오는 날 FILL에서 만나자."

"하하, 뭐 꼭 헤어질 때 하는 말 같다. 야…, 너 어디 가니?"

"아니, 그냥, 재밌잖아. 어느 영화 같은 데에서 많이 하잖아. 우리도 함 해보자구."

"어휴… 알았어."

"알았지? 첫눈이 오는 날, 만나는 거…?"

"알았어. 그건 그런데 올 겨울에 대구에 눈이 과연 오긴 오려나?"

"하하, 맞다 맞아. 대구에는 눈이 잘 안 오지…. 뭐 어때, 올해 안 오면 내년에, 내년에 안 오면 내후년에…. 어때?"

"하하…, 알았다. 알았어."

그 다음날 난 오랜 친구인 동화, 제일이와 같이 무전 여행을 떠났다. 그 해는 지지리도 눈이 내리지 않았다. 하지만 우리가 동해라는 도시에 도착했을 때 눈이 내리기 시작했다. 무릎까지 빠질 정도로 엄청난 양의 눈이었다. 우리는 마냥 즐거워 눈사람을 만들고 눈싸움을 하며 오전을 보냈다.

그런데 배가 고파 라면을 끓이는데 문득 영희와 한 약속이 생각났다. 난 허겁지겁 라디오를 켜고 뉴스를 들었다. 라디오는 10여 년 만에 오는 폭설이라는 것과 이 눈은 전국적이라는 이야기와 대구도 지금 엄청난 양의 눈이 내린다는 사실을 나에게 알려 줬다.

난 즉시 공중전화를 찾아 영희에게 전화했다. 영희도 많은 눈에 흥분해 있었다. 난 바로 내려갈 것을 약속하고 만류하는 제일이와 동화를 뿌리치고 기차에 올라탔다. 중간중간에 눈 치우는 작업 때문에 많이 연착하였지만 오후 두 시 반에 대구에 도착했다.

난 또 영희에게 전화했다.

"영희야, 나 대구 도착했어."

"그래, 빨리 왔네."

"응, 그럼 삼십 분 후에 FILL에서 보자."

"응, 그런데 ING에서 보면 안 될까? 내 집이 후문이잖아."

"그래…, 아니… 그냥 FILL에서 보자. 약속은 약속이잖아."

"그래."

그렇게 이야기하고 나니 영희에게 미안했다. 후문에서 정문으로 가려면 학교를 가로질러 가야 하는데 언덕도 가파르고 해서 자칫 미끄러질 가능성도 있었다.

"영희야, 그럼 ING에서 보자."

"아니야… 내가 FILL로 갈게."

"아냐, 뭐 장소가 중요하겠어? 만나는 게 중요하지 그냥 ING에서 보자."

"아냐, FILL이 좋아. 눈 구경하기에는…."

"그럴까? ING도 좋은데. ING가 2층이잖아…. 더 좋을 거야."

"그럴까? 아니야…. 그냥 FILL에서 보자."

"알았어."

ING와 FILL을 놓고 줄다리기 하다가 FILL로 정했다.

난 느려터진 버스를 타고 학교 앞에 내렸다. 정말 대구에 눈이 이렇게 많이 내린 것은 내가 아홉 살 때 이후로는 처음이었다.

차에서 내려 학교로 올라가는 길은 정말 빙판길이었다. 몇몇 사람들은 쫄떡쫄떡 미끄러져 엉덩방아를 찧기가 일쑤였고 나도 한두 번 비틀거리며 학교 정문으로 열심히 올라가고 있었다.

드디어 FILL이다. 아직도 함박눈이 펄펄 내리고 있었다. 난 영희의 밝은 얼굴을 기대하며 FILL의 문을 열고 들어갔다. 하지만 1층에는 영희가 없었다. 대부분의 사람들이 눈 구경을 하기 위하여 2층으로 올라가 있었다.

2층으로 올라가자 시끌벅적했다. 우리와 같은 많은 연인들이 하하 호호거리며 눈을 감상하고 있었다. 하지만 영희는 보이지 않았다. 미끄러운 빙판길 때문에 늦어진다고 생각하고 난 1층으로 내려갔다. 오히려 조용히 영희와 눈을 감상하리라 생각했다.

난 통유리를 통해 시야가 가장 넓게 보이는 자리에 앉아 먼저 커피 한잔을 시켰다. 알지 못하는 카페음악이 은은히 흘러 나왔다.

밖에서는 학교 담장 옆에 선 수십 년 된 전나무가 보

였다. 그 가지들 위에는 소복이 흰 눈이 쌓이고, 또 그 위에는 눈송이들이 휘날리고 있었다. 그 모든 영상과 부드럽고 따뜻한 음악은 매우 조화로웠다.

난 그 조화와 아름다움에 순식간에 정신을 빼앗겨 버렸다. 언뜻 내가 왜 여기 왔는지에 대해서 되뇌었을 때는 벌써 삼십 분이나 시간이 흐른 뒤였다.

난 허겁지겁 카운터로 가서 ING로 전화했다. 영희가 조금 전까지 혼자 기다리다가 나갔다고 한다. 난 계산하고 FILL에서 나왔다. 분명히 영희는 학교를 가로질러 올 것이므로 중간에서 만날 수 있을 것이라 생각했다.

난 학교로 올라갔다. 하지만 눈길은 너무나 미끄러웠다. 마음만 조급하여 일보 전진 이보 후퇴를 거듭하여 열심히 전진하면서 주변을 아무리 살펴보아도 영희는 보이지 않는다.

난 조급한 마음에 거의 썰매를 타다시피 하며 후문에 도착하여 ING에 도착했다. 역시 영희는 없었다. 거기서 FILL로 전화했다. 방금 영희가 왔다가 갔단다.

영희는 미끄러운 언덕보다는 좀 거리가 멀지만 학교 담을 타고 돌아온 것이 분명했다. 난 FILL에서 영희가 오면 붙잡아 놓으라고 하지 못한 것이 후회되었다.

하지만 이렇게 서로 길이 엇갈리는 때는 누군가 한 명이 한자리에 있으면 된다는 어머니의 말씀대로 난 ING에서 기다리기로 했다(지금은 휴대폰이 있어서 이런 일들이 생길 일이 별로 없지만 그때는 호출기도 특수한 직업인이나 소유할 정도로 통신장비가 귀할 때였다).

하지만 30분이 지나도 영희가 나타나지 않았다. 다시 FILL로 전화했지만 영희가 돌아오지 않았다고 한다. 영희의 자취방으로 전화했다. 하지만 전화를 받지 않는다. 난 ING에서 밤늦도록 영희를 기다렸다. 몇 번이나 자취방으로 전화를 했지만 받지를 않는다.

난 밤 열 시가 되어 힘없이 ING에서 나와 영희의 자취방으로 향했다. 전화를 받지 않는 것으로 그녀가 거기 없다는 것을 알고 있었지만 그 문 앞에서 기다리기로 했다.

끼니라고는 동해에서 몇 젓가락 뜨다 만 라면 몇 가닥뿐이었으며 발은 거의 동상에 걸릴 정도로 얼어 있었다. 하지만 난 저 골목 멀리서 걸어 들어올 영희의 모습을 기대하며 추위를 이기고 있었다.

두 시간을 기다렸다. 열두 시가 되어도 영희는 돌아오지 않았다. 난 비틀거리며 택시를 잡아타고 집으로 향했다.

집에 돌아와 부엌에서 식은 밥 몇 덩어리를 물에 말아 먹고 골목길 모퉁이에 있는 공중전화 박스로 가 영희의 자취방으로 전화했다. 역시 불통이다. 왠지 마음이 슬퍼졌다. 이유를 알 수 없는 슬픈 눈물이 부르터져 있는 나의 입술로 흘러 내렸다.

새벽 네 시쯤에서야 난 얼어붙은 몸뚱이를 따뜻한 방구석에 뉘었다. 다음날 난 심한 독감에 시달려야 했다. 열이 40도를 오르내리며 비몽사몽 헤매었다.

그때 꿈을 꾸었다. 진한 검붉은 알 수 없는 꽃들을 보았고 기분이 나빴다. 그런데 어디선가 부드러운 목소리가 들렸다. 무엇이라고 단어로 말하지 않았지만 무엇을 말하는지 느낄 수 있었다. 나를 부르고 있었다. 그리고 급한 소용돌이와 흡인력….

난 그곳에 빨려 들어가지 않으려고 애를 썼지만 나의 의지와는 다르게 나의 몸은 조여 들었다. 난 두려움에 몸서리를 치며 눈을 떴다.

병원이었다. 어머니의 따뜻한 손이 나의 이마를 지그

시 누르고 있었다. 편안했다. 그리고 안심이 되었다.

"엄마."

"그래, 그래. 이제 정신이 드니?"

"엄마…."

난 괜히 슬퍼지며 눈물이 흘렀다. 어머니는 맨손으로 나의 눈물을 닦아 주며 나를 달랬다.

"그래, 그래. 다 안다. 내 새끼, 그래, 힘들었지?"

난 어머니가 무엇을 다 안다는 것인지도 모르고 그냥 그 한마디에 가슴에 밀려든 알 수 없는 슬픔이 쏟아져 나왔다. 난 어머니의 손을 잡고 엉엉 울었다.

어머니는 나의 등을 토닥거리며 연신 "그래"와 "다 안다"를 외웠다. 그러면 그럴수록 내 내면 깊은 곳에 있는 알지 못했던 서글픔이 복받쳐와 더욱 엉엉 울었다.

5

그런 일이 있은 지 어언 16년이란 세월이 흘렀다. 난 그 당시 영희의 종적을 찾기 위하여 백방으로 찾아 다녔지만 영희를 찾을 수가 없었다.

결국 3월 졸업식에서 기다리기로 했으나 영희는 나타나지 않았다. 그 이후 간간이 영희의 안부를 알아 봤지만 그 누구도 영희의 종적을 아는 사람은 없었다.

세월의 상처들은 점점 내 기억 속에서 영희를 지워 나갔다. 나도 그 사이에 결혼도 하고 아기도 낳았다.

몇 년 전 영희의 예전 지도교수님을 뵌 적이 있는데

뜬금없이 영희 이야기를 하셨다.

“야, 너 그때 영희 뒤를 졸졸 따라다녔잖아.”

“아이구, 선생님, 그때가 언젠데. 사실 제가 따라다닌 기 아이고 영희가….”

“마마, 됐고. 그런데 얼마 전 영희한테 갑자기 전화 왔다 아이가?”

“영희가요?”

“그래, 갑자기 전화 와서 나도 좀 놀랐다.”

“그래, 어떻게 지낸답니까?”

“결혼해서 아 놓고 잘 산다 카데. 서울에서….”

“아… 예….”

난 겉으로는 대수롭지 않은 듯 웃으며 이야기를 하였다. 순간 영희의 연락처를 물어보려다가 말았다. 하지만 나의 머리는 집으로 돌아오는 길 내내 영희 생각으로 가득 찼다.

신기한 것은 영희의 사진 한 장 갖고 있지 않은 나의 머릿속에는 바로 어제 보았던 것 같은 선명한 영희의 얼굴이 떠올랐다.

그러나 더욱 이상한 것은 영희를 한 번 보아야겠다는 마음은 떠오르지 않았다는 것이다.

그 이후 머릿속에는 계속 영희의 그림자가 어른거리기 시작했고 다시 조각퍼즐 맞추기와 같이 그때의 일들이 하나 둘씩 나의 머릿속에 끼워 맞춰지기 시작했다.

그렇게 다시 3년이 흘렀다.

도대체 난 왜 영희를 다시 보는 것을 두려워하고 있었을까? 매일 매일 영희 생각을 했으면서도….

그것이 의문이었다.

그 의문을 풀기 위하여 글을 쓰기 시작했다. 십 몇 년 동안의 이유 없는 이별 후에 그녀의 종적을 찾았는데 만나서 물어 보고 싶었다.

그때 눈 오는 날 대체 어딜 갔었는지? 그리고 그 후 왜 연락을 하지 않았는지? 아니, 그때 정말 날 사랑했는지?

하지만 난 왜 그녀를 만나기 싫은 걸까?

이런 의문점을 마음속에 묻고 3년이 지났다.

글을 한 줄 두 줄 써가며 난 나의 머릿속에 흐트러져 있던 명확하지 못했던 개념들을 정리해 갔다. 그리고 이제 이 글을 마치면서 그 마지막 실타래도 풀었다.

내가 영희를 그리워하면서도 그녀를 만나기 두려워했

던 것은 영희와 '영원한 이별'을 하기 싫었기 때문이었다.

아직도 나에겐 영희와의 사랑은 'ING'이다. 그것은 영원한 것이며 그 누구도 갈라놓지 못한다.

이젠 이 글이 탈고됨으로 인해서 당사자인 영희와 나는 더 이상 이 사랑을 부정할 수 없게 되었다. 이것으로 철수와 영희의 '영원한 사랑'은 완성되었다.

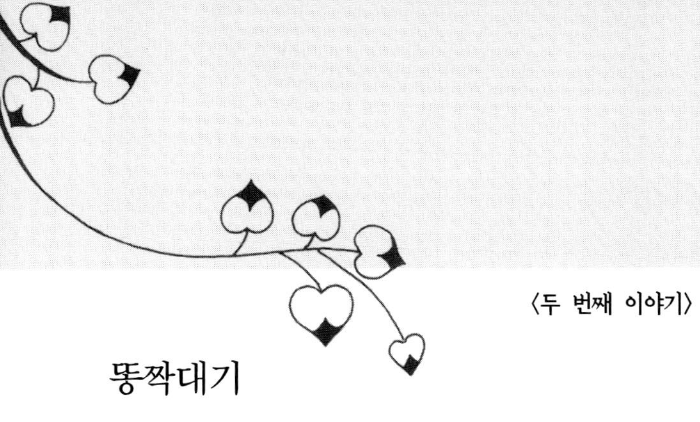

〈두 번째 이야기〉

똥짝대기

사람들은 이것이 똥짝대기라는 사실을 잊어버리지는 않는다.
유용하게 사용은 하지만 다 쓰고 난 다음에는
어김없이 사람들이 사는 근처 아무 곳에나 던져 내팽개친다.
그렇다고 다른 사람이 가져가지도 않는다.

똥짝대기

1

요즘은 시골이라도 대부분이 정화조시설이 잘 되어 있어 똥 푸는 것을 쉽게 볼 수가 없다. 하지만 대략 20여 년 전만 해도 도시고 시골이고 똥차들이 많이 다녔다.

특히 시골에서는 이 분뇨를 한군데다 퍼서 모아 지푸라기 등 여러 잡초들을 섞어 잘 썩혀 퇴비를 만들어 밭에다가 비료로 뿌렸다.

요즘도 시골길로 차를 몰고 가다 보면 이 퇴비 냄새를 맡게 되는데 아련한 추억과 함께 그 역겨운 냄새가 오히려 구수하게까지 느껴진다.

시골에서 이 푸세식 변소에서 몇 년 동안 쌓인 똥을

푸려면 먼저 물을 어느 정도 부어야 한다. 왜냐면 똥들이 굳어서 푸기가 힘들기 때문이다. 물을 몇 바가지 붓고 긴 짝대기 하나로 휘휘 저어 어느 정도 똥들이 물러지면 길다란 똥 푸개로 똥을 건져낸다.

이렇게 똥이 물러지도록 휘휘 젓는 짝대기를 그냥 '똥짝대기'라고 한다.

이렇게 똥들을 휘저은 똥짝대기는 그냥 그 변소 근처에 방치된다. 며칠이 지나서 똥들이 굳어서 딱딱해 지면 변소 구멍에다 대고 탁탁 몇 번 쳐서 똥딱가리를 털어내고 다시 변소 주변에 던져놓는다.

이렇게 된 똥짝대기는 끝부분에 약간 누런색을 띠고 있기는 하지만 그냥 일반 짝대기 같아 보인다. 이 똥짝대기는 세월이 지남에 따라 점점 변소에서 멀리 떨어져 방치되는데, 어떨 때는 부엌 아궁이불 쑤시개로도 사용되고, 어떨 때는 까마귀를 쫓는 데도 사용되고, 어떤 때는 높은 나뭇가지에 걸린 연을 털어내는 데도 사용된다.

하지만 사람들은 이것이 똥짝대기라는 사실을 잊어버리지는 않는다. 유용하게 사용은 하지만 다 쓰고 난 다음에는 어김없이 사람들이 사는 근처 아무 곳에나 던져 내팽개친다.

그렇다고 다른 사람이 가져가지도 않는다. 어쩌다가 철모르는 아이가 그 짝대기를 들고 장난이라도 칠라치면 부모들은 기겁을 하고 애에게 짝대기를 만지지 말라고 호통을 친다.

다시 일이 년 지나 똥을 푸게 되면 어김없이 이 동짝대기가 사용된다. 내가 본 똥짝대기 중에는 18년 동안 사용되었던 것도 있었다.

똥짝대기에 대한 긴 해설은 그만 두고 본론으로 들어가겠다.

난 음대 출신이다. 그렇다고 음악을 특별히 잘하는 것은 아니다. 음악을 직업으로 선택하지 않았기 때문이기도 하지만 사실 난 음악에는 소질(음악에 대한 소질은 나중에 '폐인' 부분에 자세히 설명하겠다)이 없어 보인다.

그러나 고등학교 어린 시절, 그 철없고 감수성 예민할 때에는 베토벤을 꿈꾸며 음악 공부를 시작하여 음대 입시에 합격했다.

처음 멋도 모르고 음대에 들어가니 뭘 해야 할지 몰라 헤매게 되었다. 그때 나에게 뭘 해야 할지를 가르쳐 주지는 않았지만 예술가란 어떻게 살아야 하는지를 알려

준 사람들은 교수가 아니라 선배들이었다. 물론 지금 생각하면 약간 유치한 생각들이었지만 그래도 나에겐 소중한 경험이었다.

우리 과에는 특이하게도 두 가지 전통이 있다. 하나는 지금 이야기하려는 '똥짝대기' 전통이고 다른 하나는 다음에 이야기 할 '폐인' 전통이다.

물론 전통이 없는 과가 있겠는가마는 우리 과는 좀 특이했다. 무엇이 특이했냐 하면 이 두 가지 전통은 인위적으로 그 전통의 대를 잇지를 않는다는 것이다. 대부분 전통의 계승은 저번 전통계승자가 다음 전통계승자를 낙점하여 자신의 모든 절기(무협소설에서는 그렇게 한다)를 전수하고 모든 사람들에게 공표하므로 전통이 이어진다. 하지만 우리 과에서는 그런 인위적인 행위가 없다.

그리고 전통계승자는 다음 전통계승자를 낙점하지 않을 뿐만 아니라 아예 신경도 쓰지 않는다. 좀더 정확히 이야기하자면 그 '전통'은 그 대에서 자연발생적으로 나타나며 완성을 한다는 것이다.

다음 대의 전통계승자는 이름만 '똥짝대기', '폐인'이라고 하지만 완전히 독립적인 하나의 성격을 만들어 나간다. 하지만 그 많은 전통계승자를 두고 볼 때 모두 그 어떤 공통적인 동일성을 내포한다.

참으로 신기한 일이다. 이 신기한 '독립적이며 공통적'인 현상에 대해서는 나중에 좀더 나의 머리가 굵어지면서 이해할 수 있게 되었다.

그리고 또 특이한 것은 누가 낙점을 하지 않음에도 불구하고 한 학년에는 거의 한 명의 전통계승자가 나타난다는 것이다(물론 '폐인'에 있어서는 단 한 번, 한 학년에 3명이 나타나 큰 혼란이 있었지만 그 유명한 '백일주도' 사건으로 대장을 가림으로써 해결되었다).

오늘 이야기할 똥짝대기는 내가 본 가장 오래된 똥짝대기였다. 그 똥작대기 선배는 학번이 79였던 것으로 추측된다(정확히 알아보지는 않았다. 그리고 중요한 사실도 아니다).

그 당시 우리 음대는 약간 살벌한 분위기였다. 대부분이 고등학교 시절 악대부에서 활동하던 사람들이라 약간 난폭했다(아주 완곡한 표현이다. 사실 거의 조폭 수준이다).

지금은 어떨지 모르지만 그 당시(80년대 초) 악대부는 학교에서 그래도 쪼메 논다 하는 애들이 모인 조직이었다. 그러므로 그 당시 우리는 월요연주(매주 작곡과만의 연주회가 있다)가 끝나면 남학생들은 화장실 뒤켠에 모여 줄빳따를 맞는 것이 일이었다.

다시 79학번 그 똥짝대기 이야기를 하면, 정말 최악의 난폭한 선배였다. 매일 술에 취해 학교에 올라와 괜히 후배들을 잔디밭에 불러 모아놓고 말도 안 되는 훈계에다가 가끔 때리기도 했다. 그리고 지나가다 걸리는 후배에게 삥(돈을 뺏는 것)을 뜯고 술을 사오라고 심부름을 시키기가 다반사였다.

예를 들어 오백 원 주고는 담배에다가 막걸리 3통에다가 새우깡 두 봉지 사 가지고 오면서 3백 원을 거슬러 오라는 것이 그 선배에게는 통용되었던 것이다.

그러므로 학교에서는 남학생이건 여학생이건 그 똥짝대기 선배가 보이면 모두 숨어버렸다(완전한 폭탄이었다). 그러므로 항상 그 선배는 혼자였다.

그 누구도 그 난폭한 선배를 말릴 수가 없었다. 그 이유는 그 선배가 싸움을 너무 잘해서 대구에서는 그 누구도 그 선배를 함부로 건드리지 못한다는 것이었다. 한마디로 독고다이였다. 그러므로 그 똥짝대기 선배는 항상 외로웠나 보다.

가끔씩 학교 정문에서 기다리고 있다가 오르내리는 후배들을 붙들어 가까운 술집에 데려가 술을 실컷 먹고 그 후배에게 바가지를 씌우는 일이 많이 생긴 것도 학교에서의 외로움 때문이었을 것이다.

그 이후 몇몇 피해 사례가 나오자 우리 과 학생들은 학교문을 놔두고 그 높은(3~4미터는 족히 된다) 담장을 타고 넘어 학교를 다니게 되었다. 돈이 문제가 아니었다. 술 먹고 가끔씩 술값까지 계산하는 후배들을 패주기까지 하기 때문이다. 한마디로 학교 다니기가 싫은 시절이었다.

그날은 학교를 파하고 집으로 가려고 버스 정류장으로 내려가는 때였는데 날이 흐려 오전의 데모 후유증인 최루탄가스가 아직 잔존하고 있었다. 그 덕분으로 나는 눈물 콧물 흘려가며 학교를 내려가고 있었다. 평상시에는 먼 거리에서 그 똥짝대기 선배의 호리호리한 모습이 보이면 여차 없이 숨었다가 그 반대쪽 문으로 돌아갔었는데 그날은 최루탄가스 때문에 눈물이 흘러 그 똥짝대기를 보지 못했다.

정문 가까이 가서야 마스크를 하고 양팔을 끼고 우뚝 서 있는 똥짝대기를 발견했다. 가슴이 철렁 내려앉았지만 나는 태연하게 손으로 나를 부르는 똥작대기에게 다가가 친절하게 인사를 했다. 벌써 똥작대기의 뒤켠에는 나와 같이 재수 없는 선후배 대여섯 명이 낭패한 표정으로 눈물을 흘리며(최루탄가스 때문에) 서 있었다.

나까지 붙잡은 똥짝대기는 만족한 듯 고개를 끄덕이며 예닐곱 되는 후배들을 데리고 학교를 내려왔다.

똥짝대기에게는 "수업이 있는데요…", "교수님 만나러 가야 하는데요" 등의 변명은 통하지 않았다. 그것을 아는 우리들은 아무 말 없이 그냥 똥짝대기의 뒤를 졸졸 따라갔다. 만일 그 자리에서 도망이라도 쳤다가는 후환이 너무 무서워서 우리는 도망칠 생각조차도 못하였다.

학교 앞 대로변에 다다르자 똥짝대기는 우리들을 두 패로 나누어 택시에 태우고 시내 번화가 한가운데로 올 것을 명했다. 보통 때에는 학교 근처 술집에서 술을 마시는데 그날은 좀 이상한 행동을 하는 것이었다.

우리들은 서로 똥작대기와 택시를 같이 타지 않으려

고 우물쭈물하다가 똥짝대기에게 뒤통수 한 대씩 맞고서야 택시에 올라탔다. 다행히 나는 똥작대기와 다른 차에 탔다. 차에 타자마자 2학년 선배가 한숨을 내쉬며 말문을 열었다.

"야. 오늘 X나게 재수 없다. 오늘 오후 다섯 시에 전공 시험인데… 피아노 말이다. 에고, 조졌다."

그러자 옆에 있던 3학년 선배가 말문을 열었다.

"야, 그기 문제가 아이다. 지금 상황을 보니 똥짝대기가 술 마시러 가는 기 아닌 것 같다. 시내로 가는 거 보이께는 아마도 무슨 패싸움 하러 가는 거 같다."

그 말을 듣자 우리는 술렁거렸다. 후환은 둘째 치더라도 여기서 차를 돌려 도망가자느니, 그랬다가는 다음에 똥작대기에게 잡혀 칼침 맞는다는 등… 설왕설래하다가 우리는 결국 그 약속 장소에 도달하게 되었다.

우리들은 모두 얼굴이 하얘져서 추춤추춤 차에서 내려 똥짝대기에게 다가갔다. 하지만 똥짝대기는 평상시와는 다르게 얼굴표정을 온화하게 하며 부드러운 목소리로 말을 하였다.

"야! 느그들, 걱정 말어라. 그동안 내가 너그들에게 좀 신세를 졌는데, 내 오늘 너그들에게 그 신세를 값을라꼬

너그들을 데리고 안 왔나?"

우리는 똥짝대기가 뭔 말을 하는지도 모르고 그냥 휘둥그레 하며 대답했다.

"내 오늘 너그들에게 한턱 톡톡히 쏘마. 나를 따르라!"

우리는 그동안 똥짝대기가 술을 산 적이 한 번도 없음을 알고 '이게 무슨 귀신 씻나락 까먹는 소리냐!'라는 표정으로 어쩔 수 없이 앞장서는 똥짝대기를 따랐다.

똥짝대기는 우리를 시내 한복판의 아주 비싼 유흥음식점 골목으로 데리고 들어갔다.

그동안 '룸살롱'이란 말은 들어 봤지만 이렇게 근처까지 와 본 것도 처음인데 똥짝대기는 그 중 가장 화려해 보이고 큰 규모의 룸살롱으로 들어가는 것이 아닌가?

우리는 뒤에서 그냥 쭈뼛쭈뼛하자 똥짝대기가 큰소리로 우리를 불렀다. 우리는 화들짝 놀라 따라 들어갔다.

깔끔하게 차려 입은 기생오라비같이 생긴 웨이터가 우리를 안내해서 그 집에서 제일 큰방으로 데리고 들어갔다. 내부는 그 당시 우리들 눈에는 정말 으리으리하게 보였다.

우리는 따라 들어가면서 속으로 '아이구, 오늘 완전히

제삿날이네!'라고 생각했다. 결국 똥짝대기가 크게 삥을 뜯는다는 사실을 알았기 때문이다.

'이런 곳에서 술을 마시면 몇 십만 원이 나온다는데….'

걱정이 이만저만 아니었다. 그 당시는 우리 한 학기 공납금이 70만 원이었던 시절이었다.

방에 들어서자 똥짝대기는 웨이터에게 아가씨가 몇 명 있냐고 물어 보았다. 우리는 속으로 기겁을 하였다.

'힉! 아가씨까정… 에고고. 오늘 완전히 기둥뿌리 뽑누나….'

웨이터는 지금은 초저녁이라 대략 4~5명이 있다고 하자 똥짝대기는 전부 다 불러 오라고 하고 아가씨가 출근하는 대로 정원을 채우라고 명했다.

웨이터는 돈이 별로 없어 보이는 똥짝대기의 상하를 몇 번 휘휘 둘러보고는 약간 미심쩍은 표정으로 우리들도 둘러보았다. 그러나 많은 사람이 있으니 나중에 누군가에게는 돈을 받을 수 있겠다고 생각하고는 고개를 숙여 인사하고 방을 나갔다.

잠시 후 웨이터 2명이 술과 안주들을 들고 들어와 길

다란 테이블에 배치를 하기 시작했다. 우리는 그냥 꿔다 논 보릿자루마냥 자리에 앉아 쭈뼛쭈뼛하고 있었다.

술이 들어오자 똥짝대기는 만족한 듯 미소를 지으며 우리들의 술잔에 양주를 한가득씩 따라 주며 호탕하게 한 번 웃었다.

"하하하! 이 새끼들… 쫄아가지고는. 마… 걱정들 말어라…. 내가 오늘 너거들한테 돈 내라 하믄 손가락에 장을 지지마. 하하하!"

하는 꼴을 보면 진짜인 것 같은데, 한 번도 똥짝대기가 약속을 지킨 것을 본 사람들이 없으므로 우리들은 긴장을 늦출 수가 없었다.

따라온 선배들(거기서 나만 1학년이었다)의 눈치를 보니 여차 하면 '땅(도망)' 칠 분위기였다. 그것을 눈치 챈 똥짝대기는 이번에는 그 예의 살기 찬 눈을 부릅뜨며 예봉을 하는 것이었다.

"이 새끼들, 만약 오늘 나하구 끝까정 술 안 마시는 넘은 앞으로 학교 나올 생각일랑 말어라!"

우리는 모두 속으로 '에고고, X됐다'를 외치며 똥짝대기가 권하는 술잔을 들어 한 모금씩 마셨다.

그동안 가장 독한 술이 쏘주였는데 이건 그 쏘주보다

두 배는 더 독한 것 같았다. 한 두어 잔 들어가자 벌써 머리가 띵 하고 돈다.

그때쯤 노크 소리와 함께 아가씨들이 줄줄이 들어 왔다. 똥짝대기가 아가씨들의 위치를 정해주고 자기는 제일 이쁜 아가씨를 꿰찼다.

난 그동안 텔레비전에서만 예쁜 여자들이 나오나 싶었는데, 방금 출연을 끝낸 텔런트 같은 여자들이 내 옆에 앉아 '오빠, 오빠…' 하고 술을 따라주는 것에 더욱 정신을 차릴 수가 없었다.

술 몇 잔이 더 들어가자 긴장도 풀리고 지금 무슨 상황인지도 잊고 히히히 하고 웃음이 절로 나왔다.

우리들은 어떻게 할 줄을 모르고 아가씨들이 옆에서 술을 따라주면 황송하게 두 손으로 받아 들어 마시고 집어주는 안주들을 널름널름 받아먹고 있었다.

그런 숫기 없고 순진한 우리들이 재미있었는지 아가씨들도 하하, 호호거리며 좋아했다. 우리는 완전히 어릿광대가 되었다.

반면 똥짝대기는 옆에 앉은 아가씨의 젖가슴이며 허벅지를 자기 것 만지듯이 함부로 만지고 희희낙락하고 있었는데 우리들은 그러한 모습조차도 부끄러워 볼 수가 없었다.

어느덧 술이 몇 병 더 들어오고 가라오케도 들어와 노래와 춤판이 벌어졌고, 나 이외에 다른 선배들도 이젠 완전히 신세를 포기하고 신나게 노는 데 열중하고 있었다.

어느덧 시간은 흘러 모두들 취해 곤드레만드레가 되었다.

그때서야 똥짝대기가 취한 목소리로 말했다.

"야, 너그들! 오늘 재미있게 놀았냐?"

"예, 행님!"

우리는 군대식으로 크게 대답했다.

그러자 똥짝대기는 만족한 듯 자리에서 일어났다. 똥짝대기가 자리에서 일어나자 우리들은 갑자기 술이 확 깨며 현실로 돌아왔다. 그 술값 때문에….

그러나 똥짝대기는 아무 말 없이 방문을 열고 나갔다. 우리들은 너나없이 와르르 똥짝대기를 따라 방을 나왔다. 똥짝대기는 입구 로비에서 웨이타와 계산을 하고 있었다.

우리는 뒤켠에서 구석에 몰린 양떼처럼 한 무더기 서 있었는데 우리들 중 제일 연장 3학년 선배가 조심스레 조용히 말을 꺼냈다.

"야, 똥짝대기가 진짜 계산할 모양인데…."

"모르지예… 계산만 할지 누가 압니꺼. 돈은 우리보고 내라카고…."

"그래도 모르니 우리 모두 주머니 함 털어 봐라. 얼마는 우리가 보태야 할 거 아이가?"

우리들은 각자 주머니에 있는 동전이며 지폐 몇 장씩을 꺼내 모았다. 6명이 모은 돈이 딸랑 삼만오천 원이라니…. 그 돈을 3학년 선배가 들고 똥짝대기에게 다가갔다. 그러자 똥짝대기가 갑자기 우리들을 휙 노려본다. 우리들은 오메 기죽어 하며 어깨를 움츠리는데, 똥짝대기가 손짓하며 우리를 부른다. 우리들은 주춤주춤 똥짝대기에게로 갔다.

똥짝대기는 아무 표정 없이 우리들의 머리를 한 명씩 한 명씩 쓰다듬어 주고 천천히 말했다.

"오늘 잘 놀았제? 신경 끄고 요 밖에서 기다리거라. 내가 금방 계산하고 나가께!"

우리는 갑자기 예수님이 재림한 듯 똥짝대기의 얼굴을 존경스럽고 감동스러운 눈으로 쳐다보았고 어떤 선배는 눈물까지 찔끔 흘리기도 했다.

그때 3학년 선배가 우리가 뿜빠이(모은)한 돈을 똥짝대기에게 내밀었다.

"희야, 이거 얼마 안 되지만 보태이소…."

똥짝대기는 히힉 웃고는 그 돈을 제일 어린 나의 주머니에 푹 쑤셔 넣고는 "막내야, 맛있는 거 사먹어레이!" 하는 것이었다.

그리고는 우리의 등을 떠밀다시피 하여 룸살롱 밖으로 쫓아내고는 안으로 들어갔다.

밖으로 쫓겨난 우리들은 룸살롱 입구에 어슬렁거리며 똥짝대기를 기다리고 있었다. 그러나 10분이 지났는데도 똥짝대기는 나오지 않았다. 우리들은 말도 안 되는 온갖 추측을 하였지만 감히 그 누구도 그 안에 들어가 볼 용기를 내지 못하고 있었다.

거의 삼십 분이 다 되어갈 때에서야 3학년 선배가 나에게 한 번 들어가 볼 것을 명했다. 아마도 제일 어리니까 돈을 내라고 하지는 않을 것이라고 생각했을 것이다. 난 멋모르고 룸살롱 문을 살며시 밀어 고개를 조금 안으로 들이밀어 내부를 보았다.

룸사롱 안 로비에는 건장한 체구에 검은 양복과 짧게 깎은 머리를 한 남자들 3~4명이 팔짱을 끼고 바닥을 내려 보며 혀를 쯧쯧 차고 있었다. 나도 그들의 시선을 따라 바닥을 보았을 때 기겁을 하였다.

바닥에는 똥짝대기가 큰 대자로 누워서 자신의 상반신 옷을 스스로 갈기갈기 찢으며 고래고래 소리를 지르고 발악을 하고 있었다.

"야이, 쒸발놈들아! 돈 엄다…. 우짤래? 배 째라! 쉬발놈들아~~~"

난 즉시 문을 닫고 밖에 서 있는 선배들에게 가서 이 사실을 이야기하였다. 그러자 3학년 선배가 나의 이야기의 중반쯤 듣더니 갑자기 골목길로 잽싸게 뛰어갔다.

"땅이다! 모두 튀껴!"

그러자 나머지 선배들도 산개하여 도망쳤다.

"땅이다!"

난 잠시 멍하니 있다가 뭐가 뭔지 모르고 마지막 선배의 뒤를 따라 열심히 뛰어 집으로 돌아왔다. 그날 나의 주머니에는 횡재한 삼만오천 원이 들어 있었다.

다음날 나는 불안한 마음을 안고 학교로 갔다. 버스를 내려 정문으로 가는 언덕길에서 어제 같이 갔던 선배 한 명을 만났다.

"야, 어제 완전히 천당과 지옥 문턱까지 갈다 왔다 아이가. 잘못했으면 어제 우리 모두 깨골창 날 뻔 안 했나? 튀낀 게 다행이다."

"예, 그런데 어제 똥짝대기 형은 어떻게 됐을까요?"

"야, 똥짝대기 걱정은 하지 말어라. 글마가 우째되든 뭔 상관이고? 차라리 어제 그 깍두기들에게 개박살 나서 며칠 학교 못 나왔으면 좋겠다."

"그래도, 어제 우리에게 술 사주려다가 그랬는데."

"야, 니는 아직 그 똥짝대기에게 덜 당해봐서 그런다. 나는 벌써 2년째 삥 뜯긴 것만 해도 한 학기 공납금이다. 치가 떨린다. 제발 며칠 안 나오기를 부처님, 하나님, 공자님, 알라신이여 제발…."

난 선배의 말에 아무 대꾸 없이 언덕을 올랐다. 정문을 지나 제1음악관에 도착한 나와 선배는 기겁을 하지 않을 수가 없었다.

똥짝대기가 벌써 잔디밭에 막걸리판을 벌여 놓고 후배 몇 명을 불러 꿀밤을 때려가며 훈계를 하고 있었다. 사지가 멀쩡한 채로….

우린 얼른 잔디밭 사이 나무들을 엄폐물 삼아 음악관 뒤편 화장실 쪽으로 숨었다. 그리고 관현악과 연습실 철계단을 이용해서 음악관으로 들어갔다.

그 이후 며칠 동안 그날 같이 따라가서 똥짝대기에게 술을 얻어먹은 선배들은 학교를 잘 나오지 않았다. 수업도 빼 먹은 채로….

2

그 이후 몇 주 동안 똥짝대기는 별다른 활동 없이 조용히 지냈다. 우리들에게는 짧지만 행복한 시절이었다. 그러나 일의 발단은 엉뚱한 곳에서 시작되었다.

매년 음악대와 그 바로 옆에 붙어있는 미술대 간에는 음미(한해는 '음미', 한해는 '미음'이라고 불렀다) 대항전을 한다. 단지 두 단과대만을 위한 각종 연주회와 미술작품 전시회를 열고 마지막 날엔 음대와 미대 간에 대항 축구대회를 함으로써 일주일간의 소규모 축제의 장을 닫는다.

그날은 음미전 마지막 축구 대회가 열렸다. 음대 미대

학생들은 학교 대운동장에 모여 응원전을 벌이며 한바탕 재미있게 놀고 있었다.

일주일 동안의 연주회나 전시회에서는 코빼기도 보이지 않던 똥짝대기가 이날은 축구 주전선수로 나왔다.

축구는 시작되었고 얼마 있지 않아서 똥짝대기가 폐인대장의 어시스트를 받아 헤딩으로 한 골을 넣었다. 똥짝대기는 덤블링을 하며 골세레모니를 하고 관중석으로 달려와 막걸리 한 사발을 들이켜고 다시 경기장으로 들어갔다.

응원석에서도 한층 분위기가 올라 어디서 가지고 왔는지 냄비와 냄비 뚜껑으로 관현악과 애들이 즉석 타악기를 만들어 신나게 장단을 두드리며 신명 나게 놀았다.

그렇게 응원에 힘입어 음대 측에서 또 한 골을 넣어 2:0으로 앞서기 시작한다. 그렇게 전반이 끝나고 후반이 되었다. 그러나 음대 선수들이 10분간 쉬는 시간에 너무 막걸리를 많이 마셔 후반에 들어서자 급격히 체력이 저하되었다. 심지어는 뛰다가 구부리고 앉아 먹은 걸 토하는 선수도 있었다. 한마디로 개판이었다.

그러는 사이 미대가 2골을 넣어 동점을 만들어 버렸다. 이렇게 되자 음대 측에서는 몇몇 선수들을 교체하여 마지막 승리골을 넣기 위해 총력을 기울이고 있었다. 축구는 점점 더 흥미로운 모습이 되었다. 거의 월드컵 못지않은….

그런데 그때 후문 쪽 체육대학 쪽에서 유도복을 입은 한 무리의 덩치 큰 학생들이 열을 맞추어 20여 명 정도가 구보를 하며 운동장으로 들어오고 있었다.

분명히 응원석과 본부석 상단에 붙어있는 음미전 캐치프레이즈의 문구를 보았음에도 불구하고 한창 열기가 불붙는 축구 경기장 한가운데로 직진하고 있었던 것이다.

참고로 그 당시 우리 학교 체육대학 소속의 유도하는 학생 하나가 올림픽에 나가 금메달을 따는 경사가 있었다. 그 이후 체육대학의 프라이드는 하늘을 찔렀고 특히 유도부 학생들은 거의 안하무인이었다.

유도부 행렬이 운동장 한가운데까지 올 때만 해도 별 문제가 없었다. 그러나 음대선수가 패스한 볼이 똥짝대기에게로 가고 똥짝대기는 노마크 찬스였다. 똥짝대기는 있는 힘을 다해 힘껏 슛했다. 공이 날아가는 코스로 봐 분명히 골인이었다. 그런데 공이 골대 안으로 들어가려는 중간에 그 유도부 행렬에 부딪치고, 결국 공은 유도부 행렬 가운데로 들어가 이리저리 튕기고 있었다. 그런데 그 중 한 명이 그 공을 힘껏 바깥으로 찼고 그 공은 큰 포물선을 그리며 학교 담장 밖으로 나가 버렸다.

우리는 이 어이없는 상황을 보고 화가 났지만 유도부 학생들의 거구와 또 숫자를 보고 기가 질려 감히 항의하는 사람이 아무도 없었다. 물론 미대도 마찬가지였다. 그런데 누군가 쏜살같이 유도부 행렬로 뛰어가는 사람이 보였다. 똥짝대기였다.

똥작대기는 조금 전 공을 차서 날린 장본인에게 다가가 힘껏 따귀를 건어붙였다. 그리고 입에 담지 못할 욕설을 해대며 또 한 차례 따귀를 때렸다.

얼마나 세게 때렸는지 그 '짝!' 하는 따귀 소리가 조용하던 운동장에 메아리쳤다. 순간 운동장은 마치 텔레비전의 순간 포착처럼 일순 멈췄다. 모두들 이 숨 막힐 듯한 황당함과 긴장감에 몸이 움츠려 들었다.

내 옆에 있던 선배가 조용히 내 귀에 말했다

"아, 시파! 똥짝때기가 또 사고치네…. 아, 패싸움이다… 우짜노…. 그것도 유도부 아들 아이가? 쫌 있으면 태권도, 미식축구 아들도 떼거리로 나올긴데. X됐다."

그러자 그 옆에 앉아 그 이야기를 듣던 다른 선배가 한마디 거들었다.

"야, 이때는 모르는 척하는 기라. 아이믄… 땅을 놓거나…."

"그래도 음대, 체대 싸움인데 안 끼길 수도 없고… 아, 입장 난처하네."

"하여간 오늘 함 죽어 보자."

우리가 이렇게 이야기하는 동안 유도부 애들은 꿈에도 상상하지 못할 황당 시추에이션에 적응을 못하여 멍하니 그냥 서 있었다. 그 누가 감히 유도부를 건드린단 말인가?

그러나 그들은 '똥짝대기'의 존재는 모르고 있었던 것이다.

그러는 사이 똥짝대기는 더 심한 욕설을 퍼부으며 그 진열을 지휘하는 유도부 학생의 뒤통수도 치고 말았다. 그러자 이제서야 현실감을 느낀 유도부 학생들이 똥짝대기를 두고 빙 둘러 섰다. 여차하면 깔아뭉갤 판이다.

응원하던 우리들도 여차하면 운동장으로 뛰쳐 내려갈 준비와 함께 한껏 긴장을 하고 있었다. 똥짝대기는 이제 유도부 무리에 둘러싸여 보이지도 않게 되었다. 아무리 똥짝대기라 할지라도 유도부 20명은 계란으로 바위치기라고 모두들 생각하고 있었다.

이렇게 긴장감이 그 큰 운동장을 맴돌고 있을 때 유도부 무리 한가운데서 '퍽!' 하는 둔탁한 소리가 나며 유도부원 중 한 명이 운동장에 큰대자로 뻗어버렸다. 똥작대기가 선빵(먼저 주먹을 날림)을 친 것이다.

이것은 순식간에 일어난 일이었다. 유도부 애들은 덩치가 커서 반응도 느렸다.

유도부 애들이 '와~' 하고 달려들 때 똥짝대기는 벌써 그 포위망을 뚫고 저만치 내달리고 있었다.

우리는 이 상황에서 음대와 미대를 가리지 않고 모두 벌떡 자리에서 일어났다. 여자애들 중에는 흐느끼며 우는 애들도 있었고, 남학생 중에는 벌써 슬그머니 자리를 피한 녀석들도 있었다. 몇몇 남학생들은 응원석에서 뛰어내려와 운동장으로 달려가는 애들도 있었다. 나도 옆의 선배가 이끄는 대로 일어나 운동장으로 내려갔다.

그러나 우리가 운동장으로 내려갔을 때에는 벌써 똥짝대기는 운동장을 벗어나 제2학생회관 쪽으로 달리고 있었고 유도부 애들은 그 육중한 몸으로 헐레벌떡이며 똥짝대기를 쫓고 있었다.

음대와 미대 남학생들은 운동장 한가운데서 서로 얼굴

을 바라보고 이건 또 웬일이냐는 듯이 멍하게 서 있었다.

그중 폐인 대장이 나에게 다가와 이야기하였다.

"야, 니가 쫓아가 봐라. 우째 되는지 잘 보고, 뭔 일 있으면 내한테 말해라. 여기 있을께."

나는 급하게 유도부 애들의 뒤를 따랐다. 똥짝대기는 제2학생회관 뒤쪽으로 뛰어갔다.

들리는 이야기에 의하면 똥짝대기가 고등학교 시절 도민체육대회 100m달리기에서 금메달을 땄다는 소문도 있었다. 그래서인지 똥짝대기의 모습은 순식간에 보이지 않게 되었고 유도부 애들은 우왕좌왕하며 똥짝대기를 찾고 있었다.

그 중 제일 선배인 듯한 유도부 학생 하나가 유도부 애들을 불러 모아 작전을 짜기 시작했다. 곧 유도부 애들은 2~3명 정도 조를 만들어 뿔뿔이 흩어져 똥짝대기를 찾기 시작했다. 나도 똥짝대기가 뛰어간 방향으로 뛰어가 똥짝대기를 찾았다. 하지만 똥짝대기의 자취는 보이지 않았다.

제2학생회관 뒤에서 잠시 숨을 고르고 이리 두리번 저리 두리번거리던 나는 학생회관과는 정반대편 본관 쪽 언덕을 오르는 똥짝대기를 보았다.

마침 옆에서 나처럼 똥짝대기를 찾던 유도부 애들이 나의 시선을 통하여 똥짝대기를 발견했다.

"저기다!"

소리를 지르며 2명이 달려갔다. 나도 그들을 따라 똥짝대기 쪽으로 달렸다. 유도부 2명이 달려오고 그것을 본 다른 유도부들도 5~6명 정도가 좀 떨어져서 달려오고 있음을 보고도 똥짝대기는 언덕 위에서 움직이지 않고 가만히 서 있었다.

처음 출발한 유도부 2명이 헐떡이며 언덕을 다 오를 때까지도 똥짝대기는 미동도 하지 않고 가만히 서 있었다. 나는 뒤에서 쫓아가며 마음이 다급해 큰소리로 똥짝대기에게 경고했다.

"희야! 얼능 도망치소!"

하지만 똥짝대기는 나의 소리를 듣고도 꿈쩍하지 않고 있었다. 이제 유도부 2명이 거의 언덕을 올라 똥짝대기에게 도달할 시점이었다. 유도부 2명도 전력으로 언덕을 올라 헉헉거리고 있었다.

언덕 마지막 부분에 쌓아놓은 돌받침에 이르러서는 힘이 빠져 낑낑거리며 한 다리를 올렸다가 쭐떡 미끄러지자, 뒤에 있던 학생이 엉덩이를 밀어 올려 겨우 상체를 올릴 수 있었다.

그러자 똥짝대기가 손을 내밀어 유도부 애를 잡아서 올려주는 것이 아닌가? 유도부 애도 얼떨결에 똥짝대기의 손을 잡고 올라설 수 있었다.

유도부 애가 몸을 일으키자 똥짝대기가 주먹을 날렸다. '빽~' 하는 소리와 함께 먼저 올라갔던 유도부 애가 다시 언덕 아래로 굴러 떨어지면서 뒤에 있던 유도부까지 밀치고 굴렀다.

뒤에서 따라오던 다른 유도부들은 굴러 떨어지는 2명을 붙잡아 일으키고 이번에는 2~3명씩 뿔뿔이 흩어져 다른 길로 해서 언덕을 오르기 시작했다. 하지만 벌써 똥짝대기는 제1음악관 쪽으로 달리고 있었다. 유도부는 다시 똥짝대기의 뒤를 쫓았다.

나도 헉헉거리며 음악관에 도착했다. 똥짝대기는 음악관 뒤편 화장실 쪽으로 내려갔다. 이번에는 유도부가 두 편으로 나뉘어 음악관 좌우편으로 돌아 화장실 쪽을 포위해서 내려갔다.

나도 급하게 화장실 쪽으로 내려가는데 화장실 쪽에서 급한 욕설과 함께 둔탁한 주먹 부딪치는 소리와 짧은 비명이 들렸다.

화장실 오른쪽으로 똥짝대기가 뛰어나오고 뒤를 2명의 유도부가 쫓아 나왔다. 왼쪽으로 들어간 2명의 유도부는 보이지 않았다. 나는 화장실 언덕 위에서 화장실 입구쪽에 큰 대자로 뻗어있는 유도부 2명을 보았다.

똥짝대기는 벌써 저만치 유도부 애들을 따돌리고 전문대 쪽으로 뛰고 있었다. 나도 이제 지쳐 뒤쫓지를 못하고 천천히 걸어 운동장으로 돌아가 폐인대장에게 이 사실을 보고했다.

폐인대장은 의미심장하게 씨익 웃고는 나에게 수고했다고 하고 음대, 미대 학생들에게 걱정하지 말고 행사를 마무리하자고 하였다.

우리는 주섬주섬 쓰레기들과 준비물들을 챙겨 음악관으로 돌아가려는 순간 전문대 쪽에서 똥짝대기가 운동장으로 뛰어 들어오는 모습이 보였다.

그리고 그 한참 뒤쪽에서 유도부 5~6명이 다리를 질질 끌며 지친 걸음으로 똥짝대기를 쫓는 모습이 보였다.

우리들은 그 모습을 보고 "와~" 하고 함성을 지르며 똥짝대기를 응원했다. 똥짝대기는 손을 들어 우리의 응원에 답을 하고 우리에게 바로 다가와 남은 막걸리 한잔을 시원하게 마시고 다시 뛰기 시작했다. 그래도 유도부 애들과의 거리는 멀었다.

우리의 시야에서 똥작대기와 유도부의 이 웃지 못할 추격전이 사라지자 우리는 짐을 싸서 음악관으로 돌아왔다. 하지만 학교는 한바탕 아수라장이 되었다. 학교 곳곳에 유도부 학생들이 코피를 흘리며 쓰러져 있어 여학생들이 질겁을 하고 비명을 지르는 사람도 있었다.

나중에 들리는 이야기에 의하면 그 추격전은 저녁 9시까지 계속되었다고 한다. 그러나 유도부는 똥짝대기를 붙잡지 못했을 뿐만 아니라 유도부 거의 전원이 그날 병원에 입원하는 처지가 되었다는 믿지 못할 소문이 다음날 학교에 퍼지기 시작했다.

그 소문을 입증이라도 하는 듯 다음날 어김없이 똥짝대기는 학교에 나타났고 어김없이 후배들에게 삥을 뜯었다.

그 이후 학교에서 유도부가 체육관을 벗어나 조깅하는 모습을 봤다는 사람은 아무도 없었다.

3

학교를 놀이터쯤으로 생각하고 다니는 똥짝대기는 수업에 거의 들어오지 않는다. 가끔 들어오는 수업이라고 해봐야 월요연주 끝날 때쯤 되어서 어슬렁어슬렁 들어와서 뒷자리에 앉아 있다가 연주를 마치면 잽싸게 연단으로 올라가 남자 후배들을 화장실 뒤켠으로 집합시켜 줄빳따를 때리는 것이 그의 일상의 재미였다.

그런데 똥짝대기가 갑자기 2학기부터 수업에 들어오기 시작했다. 단 한 과목, 전공과목인 음악분석이다. 똥짝대기가 개과천선이라도 했느냐구? 천만의 말씀 만만의 말씀이다. 그렇다구 그 과목을 듣는 여학생 중에서 똥짝대기가 좋아하는 여학생이라도 있냐구?

아니올시다. 그렇다면 정말 그 과목에 대해서 관심을 가졌느냐? 그건 더더욱 아니다. 똥짝대기가 이 과목의 수업을 수강하러 들어오는 것은 또 다른 이유 때문이었다.

똥짝대기는 1학년 때부터 4학년인 지금까지 강의실에서 강의를 들어본 것은 거짓말 보태서 열 번도 안 된다(사실 거의 한 번도 제대로 강의를 들은 적이 없다. 그래서 거짓말을 보탠 것이다). 그럼 어떻게 낙제를 하지 않고 4학년까지 왔냐고?

똥짝대기가 1학년 때, 한 번은 교수님 중에서 똥작대기를 낙제시키려고 마음먹은 분이 계셨단다. 그러나 이 분이 가까운 학생에게 이 사실을 이야기하였고 이 말이 똥짝대기의 귀에 들어가게 되었다.

똥짝대기는 즉시 다음날 술이 만취가 되어 음대교수 연구실 동에 들어가 야구방망이로 연구실 유리들을 모두 박살내고 준비해간 사시미(칼)로 자기 배를 그려가며(자해) 행패를 부렸다. 온통 피범벅이 된 똥짝대기의 발광에 교수들이 모두 질겁을 하고 항복하였다.

그 교수는 수업 한 번 들어가지 않고 시험 한 번 치르지 않은 똥짝대기에게 D를 주었다. F만 아니라면 좋다는 똥짝대기는 만족하였다. 그 이후로 모든 교수는 똥짝대기에게 D를 주었다.

그런데 저번 학기에 미국에서 공부하고 새로 들어온 교수님이 음악 분석론을 맡았다. 이 교수님은 똥짝대기를 몰랐다. 그래서 그만 똥짝대기에게 F를 날려 버린 것이다. 이 사실을 주변 교수님도 몰랐고 학생들도 몰랐다. 단지 똥짝대기와 그 교수님만이 아는 사실이었다. 전공필수과목이 낙제되었으니 당연히 다음 학기에 새로 들어야만 하는 것이다.

그래서 똥짝대기가 이 과목의 수업을 들으러 들어 온 것이다. F를 맞고 정신을 차렸냐고? 참 순진한 생각이셔. 똥짝대기는 그 교수에게 복수를 하러 그 과목의 수업에 들어오는 것이다.

물론 수업이 제대로 진행될 리가 없었다. 맨날 술이 만취되어(그것도 막걸리를 마시고 들어온다. 막걸리 마시고 트림하면 그 악취란 말로 표현 못한다) 들어와 코를 드르렁드르렁 골고 자지를 않나, 고래고래 소리 지르며 노래 부르지를 않나, 아예 소주병을 들고 들어와 강의실에서 술을 마시지를 않나….

처음에는 교수님도 조치를 취하려고 주변 교수들에게 이 사실을 이야기하다가 똥짝대기의 진면모를 알게 되어 더 큰 후환 때문에 어떻게 손을 쓰지 못하고 있었다.

그래서 그 교수님은 결국 똥짝대기에게 화해를 청했다. 수업을 들어오지 않아도 D를 주겠다. 그러니 더 이상 자신의 수업에는 들어오지 말라고…. 하지만 똥짝대기는 징그럽게 웃으며 한마디로 거절했다.

"샘님…, 학생이 수업을 들어가야 하지 않습니꺼? 그기 학생의 본분 아입니꺼? 그란데 샘이라는 분이 학생더러 수업에 들어오지 말라니, 이게 무슨 나라 법입니꺼?"

교수님은 할말을 잊었다. 거의 한 달 동안 수업은 파행으로 치달렸고 다른 학생들도 아예 그 수업은 빼먹기가 일쑤였다.

그런데 이렇게 하늘 높은 줄 모르고 극으로 치닫던 똥짝대기의 행패가 그 자신의 무덤을 파고 있었다.

마침 그 과목은 '폐인'들도 듣고 있었다. 80학번 폐인, 82학번 폐인 두 명이 듣고 있었다. 하지만 '똥짝대기'와 '폐인'들은 서로의 생활방식을 간섭하지 않기로 유명했다.

한 달 동안 폐인들이 약간의 피해를 보고 있었지만 그렇다고 이 사소한 문제에 대해서 폐인들은 똥짝대기의 행동을 제재하지는 않았다. 왜냐면 폐인들은 수업시간에 교수들에게 배울 것이 별로 없다고 생각을 하고 있었기 때문이다.

그러나 문제는 똥작대기의 인륜의 도를 뛰어 넘는 행동에서 출발했다. 똥작대기는 날이 가면 갈수록 그 행패가 점점 심해졌다.

어느 때부터는 교수에게 반말로 대답했고, 좀 더 지나 가끔 술에 취해 교수에게 욕을 할 때도 있었다. 드디어 학생들 사이에는 심각한 반발이 생겼다. 저녁마다 모여 똥짝대기의 행패에 대해서 성토도 하였지만 뚜렷한 해법을 내놓는 사람이 없었다.

드디어 일이 벌어졌다. 똥짝대기가 술에 취해 강의실로 돌진해 들어가 강의하는 교수의 멱살을 부여잡고 욕을 하며 따귀를 때린 사건이 벌어졌다. 모든 학생들이 보는 앞에서….

다음날부터 교수는 학교를 나오지 않았고 타 교수들도 이 문제에 대해서 공론화시켜 교칙으로 제재를 가하려 하였다.

학생들은 더욱 심하게 성토하였고 대부분의 학생들은 똥작대기를 모대가리(집단구타)하자고 성토하였다. 하지만 얼마 전 음미전 때 유도부 20여 명을 몰살 시킨 사건으로 인하여 누구 하나 총대를 메고 앞에 나서려 하지 않았다. 학생들은 결국 '폐인'만이 '똥짝대기'를 상대할 수 있다고 결론을 내리고 폐인을 섭외 하는 것으로 결론을 내렸다.

하지만 폐인들 중에서도 이 79학번 똥짝대기의 상대가 되는 사람이 없다는 것이다. 물론 폐인들도 일당 4~5명 정도(한 명이 네다섯을 상대할 수 있다는 것임)의 실력이 있었지만 그것만으로는 어림 반 푼도 없는 일이었다.

똥짝대기를 확실하게 제압해야만 똥짝대기를 학교에서 축출해 낼 수 있는데 괜히 덤볐다가 깨지면 오히려 똥작대기의 사기를 더 높이는 결과를 초래할 뿐이라고 모두들 걱정하고 있었다. 결국 논의는 논의로 끝나고 말았다.

그렇게 설왕설래만 하고 있는 며칠 동안 학교에서는 폐인이 똥짝대기에게 결투를 신청하였다는 소문이 나돌기 시작했다.

교수폭행사건을 직접 지켜본 폐인 두 명이 똥짝대기에게 2:1의 대결을 제안했고, 하늘 높은 줄 모르는 똥짝대기는 그 제안을 흔쾌히 받아들였다는 것이다.

장소는 음악관 뒤편 화장실 앞, 시간은 학생들이 없는 일요일 오후 5시, 지는 쪽이 학교를 자퇴하기로….

발 없는 소문은 작곡과뿐만 아니라 전 음대에 파다하게 퍼졌고, 교수님들도 심대한 관심을 가지고 있었다. 모두들 대결이 있는 일요일을 손꼽아 기다리게 되었다. 사실인지 그냥 소문인지 확인해 보지도 않고….

드디어 일요일이 되었다. 평상시보다 많은 학생들이 아침부터 음악관에 나와 북적되고 있었다. 학생들은 사람들이 북적되면 대결이 무산될지도 모른다고 생각하고 모두 음악관 연습실에 숨어서 보기로 약속들을 하였다. 좋은 자리를 잡기 위하여 아침부터 북적 된 것이다.

나도 일찍 나와 좋은 자리의 연습실을 잡고 피아노 연습을 하고 있었다. 내가 자리 잡은 연습실은 화장실이 바로 내려다보이는 마지막 연습실이었다.

오후 5시쯤 되자 학교 정문에서 망을 보던 학생 하나가 뛰어 올라오며 폐인 하나가 올라온다는 보고를 하였고, 잠시 후 또 다른 학생이 뛰어 올라와 또 다른 폐인

한 명이 올라왔다는 보고를 하였다.

역시나 폐인들은 화장실 앞 벤치에 앉아 있었다. 소문은 거의 사실이 되어 우리들 가슴을 심하게 뛰게 만들었다.

하지만 5시 반이 넘어도 똥짝대기는 나타나지 않았다. 1분 1초를 세어가며 기다린 관중들은 여섯시가 되어 가면서 점점 시들해져 갔다. 똥짝대기가 결투가 무서워 포기했다느니 아예 결투 따위는 없었다느니, 온갖 추측과 소문이 난무했으나 결국 6시가 넘어도 똥짝대기는 나타나지 않았다.

기다리다가 지친 대부분의 학생들은 음악관을 빠져나갔고 몇몇 열성분자들만이 연습실에서 기다리고 있었다.

이제 약속시간이 2시간이나 지났다. 날은 점점 어두워지기 시작했지만 폐인 두 명은 여전히 화장실 뒷마당을 지키고 있었다.

이젠 화장실 입구에 켜진 백열전구가 유일한 조명이 되어 두 명의 폐인에게 긴 그림자를 만들어 주고 있었다.

갑자기 도란도란 나누던 폐인들의 대화 소리에 날카

롭고 거친 목소리 하나가 끼어들었다. 연습실에 남아있던 몇몇 학생들이 우르르 창가로 다가가 밑을 내려다보았다.

화장실 앞 공터에는 폐인 두 명과 똥짝대기가 서 있는 것이 아닌가?

똥짝대기는 삿대질을 하며 뭐라고 폐인들에게 욕을 하고 있었다. 폐인들은 가만히 듣다가 조용히 몇 마디씩 대꾸를 할 뿐이었다.

우리 관중들은 앞으로 일어날 일에 대해서 기대를 가지며 조용히 숨소리를 죽여 가며 사태를 주시하고 있었다. 이야기는 길어졌다. 30분 정도 똥짝대기와 폐인 간의 격론이 벌어지고 있었다.

간간이 들리는 소리들을 조합한 결과, 폐인들은 똥짝대기에게 그 폭행을 당한 교수님과 그동안 똥짝대기에게 피해를 입은 학생들에게 사과를 하고 앞으로는 그런 일이 없도록 하자는 정중한 부탁이었고, 똥짝대기는 후배들인 폐인들의 버릇없음을 나무라고 있었다.

이젠 날이 완전히 어두워졌다. 거의 한 시간이 넘는 대화는 대충 제자리를 맴돈다는 것을 느낄 수 있었다. 그러자 잠시 침묵이 흐르고 폐인 한 명이 똥짝대기에게 허리를 반으로 굽혀 정중히 인사하였다. 그러자 똥짝대기가 두어 걸음 물러서며 날카롭고 살기 찬 욕설을 내뱉으며 붕 날더니 인사하는 폐인을 걷어찼다.

갑작스런 기습에 폐인은 수비를 못하고 그냥 벌렁 나자빠져 짧은 언덕을 두어 번 굴렀다. 그러자 옆에 있던 82학번 폐인이 똥짝대기에게 주먹을 날렸다.

똥짝대기는 예상했다는 듯이 고개를 약간 숙여 피하며 폐인에게 역으로 주먹을 날렸다. 82학번 폐인은 예상하지 않은 곳에서의 주먹에 당황하여 비틀거리며 피했으나 똥작대기의 주먹은 교묘히 그의 상반신 어깨를 명중시켰다.

82학번 폐인은 똥작대기의 주먹에 비틀거리며 물러섰고 그사이에 넘어졌던 80학번 폐인이 몸을 날려 이단옆차기로 똥짝대기를 공격했다. 똥짝대기는 상반신을 움직여 차기 공격을 피하며 오히려 공중에 뜬 80학번 폐인의 배를 걷어찼다. 80학번 폐인은 공중에서 올려 차는 똥짝대기의 발길을 손으로 막으며 땅에 내려서자마자 낙하하는 힘을 이용해 주먹을 날렸다.

이번 주먹은 힘이 대단해 똥작대기가 손으로 막았으나 그 손 틈을 뚫고 들어가 똥작대기의 얼굴을 명중시

키는 데 성공했다. 하지만 힘이 분산된 듯 똥짝대기에게 큰 타격을 주지 못했다.

결국은 결투가 시작되었다. 화장실 입구 어두운 백열등 조명이 전부였지만 그들의 몸동작은 가히 예술에 가까웠다. 쓸데없는 군더더기 동작은 없었으며 공격은 매섭고 수비는 철저했다.

3명의 몸은 공중을 붕붕 날아다녔고 서로에게 치명적인 공격을 하였음에도 쉽게 상대를 제압하지를 못했다. 가끔 폐인들이 똥짝대기의 주먹과 발길질에 픽픽 넘어졌지만 금방 일어나 반격하였고 똥작대기도 쉽게 일어나는 폐인들의 근성에 조금씩 힘이 빠지기 시작했다.

2:1의 싸움은 길어졌다. 확실히 공격의 성공도는 똥짝대기가 우세했지만 시간이 지나며 점점 똥짝대기의 체력이 떨어지는 것이 눈으로 보였다. 똥짝대기의 공격은 이제 느려졌으며 대부분이 헛스윙이었다. 대신 폐인들의 공격 성공도가 높아졌다. 몇 번의 공격은 똥짝대기에게 큰 충격을 주지 못했지만 가랑비에 옷이 젖는다는 말처럼 점점 똥짝대기는 폐인에게 몰리고 있었다.

폐인들에게 몇 번의 정타 공격을 맞은 똥짝대기는 비틀거리며 뒤로 물러섰고 얼굴에선 피가 흐르기 시작했다. 그러나 비틀거리다가도 언제 그랬냐는 듯이 잽싸게 주먹을 날려 폐인들이 기겁하며 피했고 가끔은 맞아서 쓰러지기도 했다.

하지만 대세는 기울었다. 똥작대기는 이제 서 있을 힘조차 없어 보였고 비틀거리며 나무에 몸을 기대 지탱하고 있었다. 폐인들도 많이 지쳐 비틀거렸지만 끈질기게 똥짝대기를 괴롭혔다.

승패는 곧 가려졌다. 똥짝대기는 나무에 기대 거의 샌드백이 주먹을 맞듯이 폐인 두 명의 주먹과 발길질을 고스란히 맞았다.

똥작대기는 옆으로 쓰러져 꼼짝 하지 못했다. 그의 얼굴은 완전히 만신창이가 되었고 갈비뼈도 몇 개 부러졌는지 가끔 마른기침을 하며 괴로워했다.

폐인들도 땅바닥에 주저앉아 헉헉거리며 괴로워했다. 하지만 80학번 폐인이 먼저 일어나 연습실 창을 올려다보며 내려다보는 84학번 폐인을 불렀다. 84학번 폐인은 학생 몇 명과 같이 화장실로 내려갔다.

80학번 폐인은 똥짝대기를 안아 일으켜 84학번 폐인의 등에 업혀주고 주머니에서 돈을 꺼내 84학번 폐인에게 주었다. 똥짝대기를 가까운 병원으로 데려가게 한 것이다. 그리고 아직도 앉아있는 82학번 폐인을 일으켜 세워 부축하여 천천히 학교를 내려갔다.

그것으로 모든 것이 끝났다. 그 이후 79학번 똥짝대기는 학교에 나타나지 않았으며 그 어느 누구 하나 그 똥짝대기의 근황을 아는 사람이 없었다.

들리는 이야기에 의하면 몸이 완쾌되자 똥짝대기는 원양어선을 탔다는 이야기도 있고, 일본으로 가서 야쿠자가 되었다는 황당한 소문도 있었으나 모두 근거가 없는 소문들이었다.

아무튼 똥짝대기는 사라졌다. 그 이후 폐인들은 월요연주를 마치고 강단에 올라가 후배들에게 앞으로 작곡과에서 폭행을 사용하는 일이 없도록 하자고 선언하였고 모두들 찬성하였다.

그 이후 학교에서는 선배가 후배를 때리는 일은 점점 사라졌다. 물론 84학번 똥짝대기가 가끔 후배들을 괴롭혔지만 79학번 동짝대기에 비하면 거의 장난 수준이었다.

하지만 이상하게도 그 79학번 똥짝대기가 사라진 이후 우리 작곡과의 두 가지 전통인 '폐인'과 '똥짝대기'들의 모습도 서서히 사라지기 시작하였으며 85학년도가 되어 마지막 '똥짝대기'와 '폐인'이 나타나고는 그 이후는 나타나지 않아 전통의 맥이 끊어지게 되었다.

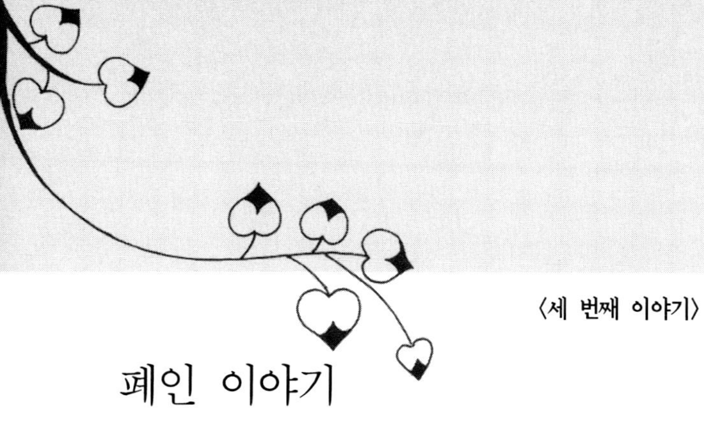

〈세 번째 이야기〉

폐인 이야기

근데 난 폐인을 이렇게 생각한다.
폐인의 폐자가 폐할 폐(廢) 자잖아?
그런데 우리 폐인은 그 폐 자가 가슴 폐(肺) 자라고 생각하거든….
즉, 가슴이 있는 사람이란 뜻이지.

호박 이파리 사건

폐인대장이 동촌에 살 때이다. 그러니까 20여 년 전 이야기가 되니, 휴! 강산이 두 번 바뀐 이야기가 되는 것이다.

그날도 폐인들은 감천주식회사에 출근하여 1차로 거나하게 마시고, 2차로 돼지찌개 맛나게 하는 곳에서 곤드레 마시고, 3차로 동촌 방뚝 뒤 포장마차에서 얼큰한 칼국수로 속을 푼 후 또 술을 마시고 있었다.

한 두어 시간 술을 마시고 난 뒤 돈도 떨어지고 술도 취하고 해서 폐인들은 그만 술자리를 파했다. 하지만 얼마나 술을 마셨는지 20여 년을 그곳에서 살았던 폐인대장조차도 동서남북을 못 가리고 집을 찾아갈 수가 없게 되었다(술 취하면 집을 더 잘 찾아간다는 혹자의 이야기는 술을 진짜 취하도록 마셔 보지 못한 사람들의 순진한 생각이다).

한 30여 분 길을 잃고 헤매던 폐인들은 더 이상 돌아다닐 기력이 없어 동촌 방뚝에 그냥 자빠져 누워 버렸다. 마침 때는 7월이라 춥지는 않아 다행이었다. 만일 그때가 엄동설한이었다면 꼼짝없이 모두 동사하는 개죽음을 맞았을 것이다.

한참을 누워 고래고래 노래도 부르고 몸만 돌려 쉬 도 하고 별의 별짓을 다하다가 결국 여기서 하룻밤 노숙을 하기로 모두 의견 일치를 보았다(사실 걸어서 5분도 안 되는 거리에 폐인대장의 집이 있었는데…).

그러자 84폐인이 벌떡 일어나 비틀비틀 주변을 돌아다니며 묵직한 돌멩이들을 서너 개 들고 왔다. 베개로 쓸려고 들고 온 것이다. 흙도 묻어 있고 지나던 취객들이 방뇨한 흔적도 묻어 있어 지린내도 났지만 우리는 하나씩 베고 누웠다.

하늘에서는 초롱초롱 별이 빛났고 아직 술을 마시는 주당들의 거친 말소리도 들리고 시원한 바람도 불어 한마디로 분위기가 죽이는 잠자리가 되었다.

그렇게 초점 맺히지 않은 눈을 뜨고 이리저리 두리번

거리는데, 저쪽에 누어있던 폐인대장이 엉금엉금 기어 풀밭 쪽으로 가는 것이 보였다.

나는 응가라도 하나 싶었는데 폐인대장은 풀밭에서 넓다란 호박잎 3장을 따가지고 왔다. 그러더니 "배는 꼭 덮고 자야 한다"면서 우리들의 배 위에 한 장씩 덮어 주고는 곧 잠이 들었다.

강렬한 햇빛과 시끄러운 차 소리에 눈을 떴다. 시계를 봤더니 오후 3시였다. 옆을 보니 아직도 2명의 폐인은 깊은 잠에 빠져 있었다. 그러나 아직도 그들의 배 위에는 호박잎이 한 장씩 덮여 있었다.

오후 다섯 시가 되어서야 모두들 기상했고 그때쯤 다시 문을 여는 포장마차에서 외상으로 얼큰한 칼국수를 한 그릇씩 먹고 속을 푼 후 소주 한잔씩 또 했다.

그 이후 폐인들의 입에서는 호박잎 한 장만 덮으면 숙면을 취할 수 있다라는 '호박잎파리 사건'이 유명하게 회자되었다.

폐인의 정의를 내려보다

1999년도 초여름인 것 같다. 대전에서 다니던 직장을 그만두고 뭐할까 빈둥빈둥 놀던 때이다.

그날도 집에서 TV리모콘으로 텔레비전을 이리저리 굴려가며 시간 좀먹기 놀이를 하고 있을 때였다. 어디선가 휴대폰 벨소리가 들렸다. 하지만 휴대폰을 어디에 두었는지 기억이 나지 않아 이리저리 헤매다가 한참 후에서야 화장실에서 전화를 받았다.

"갱만아, 뭐 한다고 전화를 이리 늦게 받노?"

폐인대장이다. 독일 유학 가서 10년 동안 코빼기도 보이지 않던 그 인간이다.

"희야, 웬일이고? 나한테 전화까지 주고?"

"와? 나는 니한테 전화하믄 안 되나?"

"그긴 아닌데, 전화비 마이 나오자나? 와? 담배 부쳐 주까?"

"이 자슥이 뭔 소리 하노? 아하, 나 한국 들어왔다. 몰랐제?"

"들어 왔나? 언제? 완전히 들어왔나?"

"그래, 한 일주일 됐다. 그런데 갱만아. 우리 정선에 가자. 나 여기 광준데, 니 어디 있노?"

"정선? 강원도 정선 말이가? 난 대전인데…."

"그래? 그라믄 우리 대구에서 만나자. 대구에서 술한 잔 하구 다음날 떠나자."

"그랄까?"

난 왜 갑자기 정선에 가자는지, 얼마 동안 갔다 올 것인지도 물어 보지 않고 그냥 오케이 해버렸다. 그리고 그 즉시 옷 몇 벌 가방에 주워 담고 그냥 집을 나서 대구로 향했다.

학교 앞 식당에서 폐인대장을 만났다. 아직도 눈빛은 강렬했지만 외모는 많이 초췌해져 있었다. 우리는 낮부터 막걸리에서 소주를 걸쳐가며 동촌 방뚝 횟집을 마지막으로 새벽까지 진탕 마셔댔다.

다음날 오후 늦게나 되어 둘은 어슬렁거리며 타는 속과 빠개지는 머리를 해장술 한잔으로 달래가며 강릉행 완행 기차에 몸을 실었다.

밤이 늦어서야 강릉에 도착했고 그때서야 우리의 몸은 조금씩 정상을 찾기 시작했다. 하지만 더 기다릴 수가 없었다. 또 부어라 마셔라….

다음날도 저녁 늦게야 정선으로 가는 완행열차를 탈 수 있었다.

"형, 와 정선에 가는데?"

그제서야 나는 정선에 왜 가냐고 물어 보았다.

"응, 내가 독일에 있을 때… 한 5년쯤 전인데, 독일 TV에서 한국의 전통음악을 취재해서 보여 줬거든…. 그게 정선아리랑이었어. 그때 정선아리랑 마지막 전수자가 그때 나이로 15살 정도 된 여중생인데…. 갸를 한번 볼라꼬…."

"지금 가면 갸를 볼 수 있을랑가? 지금은 한 스무 살쯤 됐을 긴데…. 정선에 있겠나?"

"모르지…. 에라, 못 보면 어때? 기냥 정선에 한번 가는 거 아이가? 그냥….”

“그래.”

밤늦게 정선에 도착했다. 우리는 지하에 다방이 있고 2층에 여관인 곳에 방을 하나 잡았다. 그리고 밤새도록 이것저것 이야기를 하였다.

이야기 주제가 거의 떨어져갈 무렵 나는 그동안 마치 암묵적인 약속을 한 듯이 말하지 않았던 이야기를 꺼냈다.

“형, 한 가지 궁금한 게 있는데….”

“뭔데?”

“폐인이 뭐꼬? 우리는 기냥 폐인 폐인 하잖아. 그리고 폐인은 말 그대로 폐인 아이가? 한데 우리가 말하는 그 폐인은 과연 뭐꼬? 우리 이번 기회에 폐인의 정의를 함 내려 보자. 물론 우리가 폐인의 정의를 내린다고 그기 다는 아니지만 말이다.”

“그래…, 음… 오랜만에 들어보는 말이구나. 폐인….”

“그럼 내가 먼저 정의를 함 내려 보께. 그런데 내 정의는 좀 길다….”

“괜안타…, 뭐 남는 기 시간 아이가? 한번 쭉 읊어봐라."

"그래, 형은 폐인이 무슨 말의 약자인지 아나?"

"폐천광인의 준말 아이가?"

"맞다. 역시 폐인대장이네. 폐천광인이라…. 하늘도 포기한 미친놈이라는 뜻 아이가?"

"하하… 맞다. 아주 잘 표현했다."

"즉… 뭔가에 미쳐…, 뭐 진짜 정신병자라도 좋다. 아무튼 미쳐가지고 그 누구도 못 말리고, 하늘의 뜻을 역행해 가며 사는 사람이라는 뜻인데…. 음…, 술이든… 예술이든 여자든 놀음이든 뭐, 하여간 도덕적 또는 윤리적 또는 사회적인 판단을 뛰어 넘어 초월했다라고 해도 되는 뭐…."

"그럴 수도 있지."

"아무튼 이게 일반적인 폐인의 정의 아이가?"

"맞다고 할 수 있지."

"맞으면 맞고 아니면 아니지… 뭐일 수도 있다는 또 뭐꼬?"

"아… 마… 내가 독일에서 돌아온 지 일주일밖에 안 됐잖아…. 속 좁은 니가 이해해라."

"알았다. 속 넓은 내가 이해할게…. 그건 그거구…, 난 형한테 이야기하는 폐인은 우리 작곡과의 폐인을 이야기하는 기다. 알제?"

"그래, 안다."

"사실… 이 폐인에 대해서 나의 정의를 이야기하자면 좀 길어지는데. 내가 왜 음대에 왔는지까지 거슬러 올라간다. 나는 사실 고등학교 2학년 때까지는 음악의 '음'자도 몰랐다. 맨날 음악점수는 미 아니면 양이었다. 그런데 고등학교 2학년 11월에 우리 음악 선생이 나한테 연주회 표 두 장을 주었는데 그기 바로 베토벤의 9번교향곡 합창 아이가? 대구 시향하고 합창단이 협연하는 건데. 형도 알제? 그때 우종억 선생님이 시향 지휘했고, 장영목 선생님이 합창단 지휘 안 했나?"

"그래 알지…."

"그때 난 우리 음악 선생님을 좀 존경했거든…. 이용수 선생님이라고, 하여간 멋있게 사는 분이었어…. 그분도 우리 대학 작곡과 1회 졸업생이셨지…. 알랑가 모르겠는데 우종억 선생님이나 임우상 선생님하고 동기시지…. 그건 그거구. 하여간 표를 주셨는데 비싼 표였어…. 특석이었지…. 팸플릿도 줬는데, 그걸 읽어 보고 기겁했지. 연주시간이 90분이 넘더라고…. 그동안 내가 들은 가장 긴 음악이 이글스의 호텔켈리포니아였는데…. 아무튼 선생님의 성의도 있고 해서 난 연주회에 가기로 했지. 그란데 형은 와 음악을 했노?"

"자슥아, 니 이야기나 마저 해라…. 그래서?"

"그래…, 아무튼 연주회에 갔지…. 지겨울까봐 초코볼 한 봉지 사가지고 주머니에 넣구…. 그런데 참 신기하더라구…. 그땐 클래식 음악의 '클' 자도 모르던 때인데 1, 2, 3악장이 휘떡 지나가 버리더라구…. 그리고 4악장이 되었는데 성악가와 합창단의 자리 배치 할 때 잠시 팸플릿의 해설을 읽어 보았지. 형도 알다시피 음악가의 생명인 귀가 먹은 베토벤의 절망적인 노년에 쓰여진 그 곡이란 게 '친구여 서로 끌어안으라'는 음…, 하여간 그 설명서에는 어둠에서 빛으로라는 내용이었지. 다 알겠지만. 아무튼 난 인간적으로 이백년 전의 베토벤에 대해 감동하였지…. 4악장은 시작되었고 네 명의 성악가와 합창단, 교향악단이 함께 연주하는 친구여 서로 끌어안으라는 내용에 난 나도 모르게 온통 눈물을 질질 흘렸어. 어느덧 감동적으로 음악은 끝났고 난 혼자 일어나 기립박수를 치며 하여간 내 눈에서 그렇게 많은 눈물이 흘러내릴 줄은 꿈에도 몰랐어. 거의 오줌 수준이었거든…."

"하하…."

"그 당시 난 사춘기의 그 뭐라 할까? 가치관의 혼돈 상태였어. 뭘 할지 모르던 시기였지."

"지금도 니는 그렇다…."

"말 끊지 말고."

"그래, 알았다. 계속해라."

"그런데 그런 생전 처음 겪어보는 감동 앞에서 난 결심했지. 나도 베토벤같이 감동적인 곡을 쓸 것이라구."

"하하, 꿈도 야무지셔."

"말 끊지 말구."

"그래, 그래서?"

"그래서 2학년 말부터 혼자 몰래 화성학 책 사가지고 공부했잖아…. 그런데 3학년 2학기 되니까 불안해졌어. 과연 내가 똑바로 공부한 건지…. 혹시나 죽 도 밥도 아닌 게 될는지. 아무튼 불안해서 집에 모두 까발렸지…. 난 음대 간다구."

"난리 났겠네?"

"난리뿐이겠어? 공대 간다고 이과에서 공부하던 놈이 갑자기 딴따라 한다구 지랄하니, 완전히 집안이 풍비박산이 났지…. 결국은 난 한달 동안 가출하고…. 암튼…

고3 때 그것도 2학기 때 가출했으니 울엄마, 아부지가 속이 얼마나 탔겠어?"

"그래, 암튼 음악하는 놈 중에 효자는 없다니까…."

"맞다, 암튼 울엄마 아부지가 내한테 항복하고 음대 보내주기로 하고 그때부터 학원 다녔잖아. 내가 학원 몇 개월 다니고 음대 들어왔는지 아나? 4개월이다. 하하…, 이 정도믄 천재 아이가? 딴 아들은 중학교 때부터 X빠지게 레슨 받아도 떨어지는데…."

"빙신 지랄하구 자빠졌네…. 암튼 계속 해봐라."

"사실 난 음대 들어오면 자동적으로 베토벤이 되는 줄 알았거든. 형도 알다시피 학교에서 우리가 뭐 배웠노? 정말 기억이 잘 안 난다…. 암튼 형이 우째 보든 난 아무튼 열심히 공부도 해보고, 암튼 음악을 열심히 해봤다. 근데…."

"근데?"

"내가 딱 2학년 지나보니까 뭔가가 내 뒤통수를 탁 치면서 지나가는 기 있더라 아이가?"

"그기 뭐꼬? 똥짝대기가?"

"하하, 농담이 아이고…. 진짜로 벽에 부딪힌 거지…."

"그러니까 앞을 잘 보구 다니라구 몇 번이나 말 안하드나?"

"하하…, 진짜 농담이 아니라니까?"

"그래…, 니 뒤통수를 친 게 대체 뭐꼬?"

"그건 나는 절대로 베토벤과 같은 악성이 될 수 없다는 법칙을 알게 된 거 아이가."

"야…, 그것도 법칙이가? 흥미롭구만…. 우쨌든 계속 해봐라."

"형은 웃겠지만 난 그걸 법칙이라고 하거든. 음, 우쨌든 음악 한답시고 아니 사실은 그냥 음악 하려고 한 게 아니고. 왜냐면 그냥 음악 한다고 하면 오만 어중이떠중이들이 다 지도 음악한다고 나설 거 아이가? 음악을 한 게 아니고 사실은 악성이 되기 위해서 즉, 넘버원이 되기 위해서, 좀더 정확히 말하자면 진짜 악성이 되기 위해서 2년 동안 별의 별짓을 다 해본 결과 나에겐 절대 불가능이라는 결론을 얻게 됐지."

"잘 생각했다. 내가 보기에도 일찍 포기하는 기 니가 장수하는 데 쪼매 도움이 됐을 기다."

"맞다 맞아."

"뭐, 개가 몽둥이로 맞아. 맞긴 뭐가 맞아."

"하하, 이야기 끊지 말구…. 아무튼 이제부터 폐인이라는 정의에 대해서 이야기할 기다."

"아따, 서론 길다."

"미안…, 하여간 내가 2년 동안 음대 다니면서 깨달은 것이 없는 건 아니었지. 아주 중요한 법칙을 깨달았는데 형도 잘 생각해 보라구. 괜히 헛짓 하지 말구…."

"지랄 3단 옆차기 하는 소리네."

"하하! 암튼, 내가 깨달은 것은 악성이 되기 위해서는 세 가지 필요충분조건이 필요한데, 필요충분조건은 알제? 셋 중에 하나라도 빠지면 안 되는 거…. 그 세 가지 조건이란 게 뭐냐면 첫 번째, 악성이 되기 위해서는 하늘이 내려준 재능이 있어야 해. 그리고 두 번째는 뭔가 일반적인 인간들이 생각해내지 못하는 영감이 필요하고, 마지막으로 필요한 것은 노력이지…."

"일리 있다…."

"일리뿐이겠어? 암튼 이 세 가지 중에 하나만 빠져도 악성은 아니지…. 예를 들어 하늘이 내려준 천부적인 재능과 영감이 있다고 하더라도 그 영감과 재능을 표현하지 않고 기록하는 노력이 없다면 그 뭔 소용 있겠어. 말 그대로 구슬이 서 말이라도 꿰어야 보배지. 그리고 영감이 막 떠오르고 또 맨날 연습하고 노력해도 재능이 없어서 그걸 현실에 잘 표현하지 못한다면 그것 또한 마찬가지고. 마지막으로 노력과 재능이 있다고 하더라고 영감이 없으면 말 그대로 뛰어난 테크니션은 되어도 아티스트는 될 수 없지."

"일리 있다."

"얼마 전 아마데우스라는 영화를 봤는데, 모차르트 영화잖아? 봤어?"

"아니."

"거기에 같은 시대의 모차르트만큼 유명한 작곡가인 샬리에르가 모차르트를 시기해 독살한다는 내용인데…. 좀 일리가 있는 것 같아…. 내 생각으로는 샬리에르는 내가 이야기한 세 가지 요소 중 재능이 없었던 것 같아…. 그러나 모차르트는 악성들 중에서 가장 뛰어난 재능을 가진 천재로 유명하잖아? 샬리에르 입장에서는 자신이 십여 년 써도 못 쓸 교향곡을 모차르트는 룰루랄라 하며 1~2주 만에 휘딱 써 냈으니까 그것도 정말 최고의 곡으로 말이다…. 한마디로 샬리에르 입장에서는 미치고 환장 안 하겠나?"

"그건 니 생각이고, 내 같으면 안 미친다…. 모차르트는 모차르트고 나는 내다…. 그게 중요한 기다…. 그래… 다 듣고 이야기 해보자. 계속해라."

"암튼 난 샬리에르를 폐인이라고 하고 싶다. 즉 폐인이란 악성 아니 어느 분야든 넘버원이 되고 싶은 사람이 이 세 가지 필요충분조건 중 한 가지를 충족하지 못해서 발버둥을 치는 형태라고 보거든."

"그래, 흥미로운 이론이다…. 맞는 이야기 같기도 하고…. 근데 난 폐인을 이렇게 생각한다. 폐인의 폐 자가 폐할 폐(廢) 자잖아? 그런데 우리 폐인은 그 폐 자가 가슴 폐(肺) 자라고 생각하거든…. 즉 가슴이 있는 사람이란 뜻이지."

"맞다…, 그래도 되겠다."

우리는 그 먼 강원도 정선까지 가서 일주일 동안 여관방에 처박혀서 천장을 바라보며 이런 이야기나 하다가 비 오는 날 정선 5일장 한 바퀴 돌며 구경하고 돌아왔다.

백일주도

우리 작곡과(계대 음대)에서는 매년 단 한 명씩 폐인이 나타났다. 그러나 83학번에 이르러서는 이상하게도 세 명이나 폐인이 나타났다. 한 하늘에 태양이 두 개 뜰 수 없고 한밤중에 두 개의 달이 뜰 수 없듯이 드디어 이 세 명의 폐인이 그 대장을 뽑기로 합의를 보았다.

독자가 생각할 때는 그럼 두 명은 폐인에서 물러나야 한다는 것이냐는 생각을 하겠지만 우리 폐인들의 사자성어 중에는 이런 말이 있다.

'한폐영폐' 즉 "한번 폐인은 영원한 폐인이다"라는 뜻인데 세 명이 모두 폐인이지만 한 학번에 한 명의 폐인만을 배출했던 우리 과의 특성에 따라 한번 승부를 내보자는 의도였던 것 같다.

그 세 명의 폐인은 무섭이형과 성우형 그리고 형기형이다. 이 중 형기형은 나의 이종사촌형이다. 이들이 폐인대장을 가린다는 소문은 벌써 그 승부가 가려질 때쯤이었다.

이 세 명은 각별한 우정을 가지고 있었으므로 주먹으로 승부를 낼 수는 없었다. 따라서 결국 인간의 한계를 시험하는 술로서 승부를 보기로 했다.

그 대결은 형기형이 한 학기 공납금을 삥땅쳐서 여관방 하나 얻어 놓고 시작했다. 누가 마지막까지 견디느냐인데 처음 목표는 백일이었다. 그래서 이후 우리 폐인들의 성어사전에는 '백일주도'란 것이 추가되었다.

이후 폐인이 되려면 '백일주도'를 하여야 한다는 이야기가 나왔다. 물론 이것을 지킨 폐인은 없었다. 만일 '백일주도'를 지킨 폐인이 있었다 하더라도 아마 우리와는 유명을 달리 했을 것이다.

누군가는 뭐 백일쯤이야 술을 마실 수 있다고 생각 하겠지만 술을 그냥 마신다는 것이 아니라 만취가 되도록 매일 술을 마신다는 뜻이다.

매일 저녁에 감천주식회사로 세 명은 출근했고 다음

날 아침에는 해장술 하러 또 출근했다. 그리고 규칙이 있었다. 아무리 술을 많이 마셔도 다음날 수업을 빼먹지는 않는다는 것이다. 만일 이 규칙이 지켜지지 않았을 경우 패배하는 것이다.

세 폐인들의 백일주도는 한 달을 넘기고 있었다. 한 달이 넘어가자 세 명의 폐인들은 서서히 지치기 시작했다. 그러나 오직 폐인대장이라는 영예를 위하여 이 미친 짓은 계속 되었다. 한마디로 진짜 폐인들이었다.

결국 사십 일이 지났고 그 이후 팔 일이 더 지났다. 그날도 아침에 해장하려고 감천에 세 명이 돼지찌개 하나와 소주 한 병을 시켜 놓고 마주 앉았다. 그리고 각자의 잔에 소주 한잔씩 따르고 서로 눈치를 보기 시작했다.

소주 냄새가 솔솔 코에 들어오자 성우형과 형기형은 부르르 몸서리를 쳤다. 도저히 잔을 잡을 수가 없었다. 그런데 드디어 무섭이형이 잔을 들어 쭉 비워 버리지 않는가? 그 순간 형기형과 성우형이 무섭이형에게 고개를 푹 숙이며 한마디 내뱉었다.

"무섭아, 니가 대장해라."

그래서 이후 폐인대장이 가려지고 그 지겨운 술 대결

을 마치고 세 명의 폐인은 학교로 올라갔다. 그런데 정문을 들어서려는데 정문 앞에 형기형의 어머니가 우뚝 서 계시지 않은가? 즉 나에게는 이모님이시다.

학교 가라고 공납금 줘 보냈더니 사라지고 없고 학교에서는 공납금 내지 않으면 제적하겠다고 통지가 날아오고…. 이모는 결국 며칠을 학교 정문에서 기다리다가 오늘 드디어 형기형을 잡은 것이다.

형기형을 본 순간 이모는 와라락 달려가 형기형의 따귀를 쎄리 갈겼다. 그리고 그 강원도 특유의 억양에 찐한 욕설을 해대며 형기형의 귀를 잡아 질질 끌고 학교를 내려갔다.

주변의 학생들은 모두 웃으며 바라봤고 그 순간 백일주도로 우정을 다지던 두 폐인들은 후다닥 도망을 쳐 버렸다.

그래서 그 이후 우리 폐인들의 성어사전에는 '돌아서면 배신'이라는 말이 추가되었다.

니는 파랑새를 아나?

때는 어느덧 모든 이파리들이 땅에 떨어져 마구 뒹굴던 11월이었다. 추위에 약한 우리 폐인들은(모든 거지 종류들은 겨울을 싫어한다) 따뜻한 교수 연구실로 모여 쓰잘데기 없는 이야기를 하며 하루하루의 소일거리를 만들어 나갔다.

그날도 무섭이형이 자리 잡은 L교수님 방에 모두 모여 커피 한잔씩을 들고 이러쿵저러쿵 인생에 도움이 되지 않는 쓰잘데기 없는 이야기로 오후의 한때를 보내고 있었다.

지금은 기억이 잘 나지 않지만 아마도 우리 폐인들은 왜 여자친구가 없는가를 놓고 이러쿵저러쿵 이야기를 했던 것으로 기억한다.

그 이유로는 여자들이 너무 수준이 떨어져 우리 같은 고상한 폐인들을 알아보지 못한다는 괘변과 그러한 폐단을 없애기 위하여 폐인들이 앞으로 여자들을 잘 교육시켜서(술을 많이 먹여서) 폐녀로 만들어야 한다는 말도 안 되는 이야기들을 너무나 진지하게 했던 것으로 기억한다.

그렇게 동준형(82폐인)과 무섭형(83폐인)이 설담을 펼치고 있을 때 장환형(84폐인)이 빼꼼이 문을 열어 머리만 들이밀며 안의 동태를 살피는 것이 아닌가? 이것을 본 무섭형이 "야, 들어오려면 들어오고 나가려면 나가지 뭐하는 짓이냐?"라고 했다.

장환형이 뭔가 머뭇머뭇하다가 머리를 긁적이며 "여자친구가 있어서…, 들어가도 돼나?" 하며 쑥스럽게 이야기하는 것이 아닌가?

"여자친구?"

"뭐! 여자~~~!"

폐인에게는 여자친구가 없다라는 법칙을 정면으로 박살내는 이 경천동지할 이야기에 두 폐인은 자신의 귀를 의심하며 제대로 현실감을 느끼지 못하고 있었다. 잠시 멍하고 있던 두 폐인은 후다닥 자리에서 일어나 머리도 만지고 옷매무새도 고치며 난리 법석을 떤 후 들어오라고 했다.

잠시 후 방 안으로 들어선 장환형의 여자친구를 본 두 폐인은 더욱 입을 다물 수가 없었다. 너무나 미인이었기 때문이다. 그동안 폐인들이 그렇게도 목메이게 찾던 그 이상형의 모습이 바로 눈앞에 있지 아니한가?

인사를 하는 둥 마는 둥 하면서 얼떨결에 자리에 앉고 잠시 후 동준형이 커피를 대접한다고 커피포트에서 물을 따르다가 당황하여 뜨거운 물을 자신의 바지에 쏟아 버리는 해프닝도 벌어졌다.

아무튼 도저히 현실감을 느낄 수 없을 정도의 지성미와 아름다움을 겸비한 여자였다. 두 폐인은 침을 질질 흘리며 연방 장환형이 부럽다는 시선을 보내며 잠시간의 도화선을 느꼈다.

하지만 때는 어느덧 오후 다섯 시를 가리키고 있어 그 여자는 일어나 가겠다고 하며 인사를 마치고 먼저 방을 나섰다.

따라나서는 장환형을 급하게 붙잡은 것은 동준형이었다. 동준형은 아직도 정신을 못 차리고 헤벌레 하는 무섭형의 주머니를 뒤져 있는 돈을 모조리 꺼내고 자신도 있는 돈을 모두 모아 장환형에게 쥐어 주며 한마디 충고했다.

"여관비다, 기회는 자주 오는 기 아이다."

장환형은 일단 돈부터 챙기고 알았다고 하며 문을 나섰다. 장환형과 그 여자친구가 떠난 후 잠시 동안은 그 누구도 입을 여는 사람이 없었다.

너무나 훌륭한 예술작품을 접하고 난 이후의 정적이라고나 할까? 그리고 누가 먼저라고 할 것 없이 장환형이 어떻게 그런 훌륭한 여자친구를 만나게 되었는지에 대하여 무수한 추측을 내놓기 시작했다.

그럭저럭 해는 기울고 모두 감천주식회사에서 소주 한잔을 걸치고 각자의 집으로 뿔뿔이 흩어졌다. 동준형도 자신이 운영하는 피아노교습소로 발을 돌려 잠자리에 들었다.

그런데 새벽 4시 무렵 급하게 교습소 셔터문을 누군가가 두드리는 것이 아닌가? 잠이 덜 깬 동준형이 셔터문를 올렸을 때 그 앞에는 전날 보았던 장환형과 그 여자친구가 서 있지를 않은가? 둘 모두 추위에 지쳐 바들바들 떨면서….

장환형의 말로는 둘이서 손잡고 수성못(한 바퀴에 대

략 2~3키로는 족히 될 걸…)을 일곱 바퀴 반이나 돌다가 지치고 추워서 이곳으로 왔단다(장환형의 나중 말로는 도저히 여관에는 데리고 가지 못하겠다고 했다).

얼른 두 사람을 안으로 들어오게 한 후 침대가 있는 안방을 내어 주고 동준형은 피아노가 있는 거실에 이부자리를 펴고 누웠다. 하지만 잠은 오지 않고 이것저것 이야기를 하면서 발가락으로 피아노를 치며 청음(음정 알아 맞추기)놀이를 하였다.

어느덧 시간은 6시 무렵이 되자 동준형은 부리나케 일어나 수건 하나 어깨에 걸치고 목욕한다고 나가버렸다. 그 다음 일은 장환형이 입을 다물어(아무 일 없었다고 하는데 믿을 수가 없다) 알 수가 없었다.

그런 후 장환형은 그 여자친구와 매일 데이트 하느라고 정신을 잃어 우리들 폐인방에는 찾아오지를 않았고, 우리 폐인들은 장환형과 그 여자친구가 잘 되기를 두 손 모아 간절히 기도하며 하루하루를 보냈다.

어느덧 가을이 지나고 겨울이 찾아왔다. 그날도 우리 폐인들은 따뜻한 교수 연구실에 모여 쓰잘데기 없는 이야기를 하고 있었는데 갑자기 장환형이 비틀거리며 들어서는 것이 아닌가?

한눈에 보기에도 얼굴이 반쪽이 되고 슬픔과 비통이 가득한 표정을 지으며 당장이라도 울음을 터트릴 것 같은 표정으로 들어와 동준형의 어깨에 얼굴을 묻고 엉엉 울음을 터트리는 것이 아닌가?

"희야~~ 엉엉~~ 나 우짜면 좋노? 가가 이제 나하고 헤어지잔다. 엉엉엉~~"

"와? 이유가 뭐고?"

"모른다, 엉엉~~"

"니가 모르면 누가 아노? 니가 또 술 먹고 폐인 지랄을 떨었구나?"

"아이다…, 엉엉~~ 가가 그냥 헤어지잔다. 그냥 눈물을 뚝뚝 흘리며 아무 이유도 묻지 말고 그냥 헤어지잔다. 엉엉~~"

"그럴 리가 있나? 뭔가 이유가 있겠지."

"이유고 뭐고 한마디도 안 하고 그냥 눈물만 흘리고 그만 헤어지잔다. 엉엉~~"

"뭐, 말 못할 이유가 있나보다. 너, 집히는 거 없어?"

"없다, 엉엉~~"

그렇게 장환형은 계속 엉엉거리며 울고 있고 우리들

은 그 여자가 왜 잘 사귀다가 울면서 헤어지자고 하는지에 대해서 갑론을박하며 나름대로 온갖 추측을 하다가 결국 감천주식회사로 몰려가 장환형에게 술을 퍼 먹여 잠시 진정을 시켰다.

그런 일이 있은 지 며칠 후 또다시 우리들은 교수님 연구실에 옹기종기 모여 있는데 장환형이 들어섰다.

때는 엄동설한이었는데, 한눈에 보기에도 장환형의 몰골은 추운 바깥에서 대여섯 시간 정도는 방치되었다가 온 것만 같이 온몸이 꽁꽁 얼어 있었다. 거기다가 콧물 눈물이 엉겨 붙고 얼굴이 팅팅 불어 완전히 거지왕초의 모습을 하였다.

잠시 몸을 녹인 후 장환형의 횡설수설을 정리하면 다음과 같다.

장환형은 그 여자가 다니는 학교를 찾아가 아침부터 그 여자를 기다렸단다. 겨우 점심때쯤에서야 정문을 나서는 그녀를 발견하고 납치하듯이 끌고 커피숍으로 들어가서 왜 헤어지자느냐고 캐물었지만 그녀는 단 한마디도 하지 않고 그냥 고개만 숙인 채 닭똥 같은 눈물만 뚝뚝 흘리기만 했단다.

그렇게 삼사십 분 지난 후 그 여자는 아무 말도 하지 않고 뛰쳐나가 버려 어쩔 수 없이 돌아오게 되었다는 것이 장환형 이야기의 전말이었다.

그 이후 몇 번 장환형이 그녀를 만나 당신의 부모가 문둥이라도 좋으니 나하고 결혼하자고 애걸복걸 했지만 그 답은 역시 그녀의 눈물뿐이었다. 약 한 달간 그런 대치가 계속 되었으나 아무 진전이 없자 장환형은 절망에 빠지기 시작했다.

매일 술독에 빠져 정신을 못 차리고 그녀의 이름만 꽥꽥 소리 질러 불러 댈 뿐이었다.

그렇게 또 한 달이 지나고 두 달이 지나자 장환형도 어느 정도 정신을 차리고 학교를 다니기 시작했으며 서서히 그녀를 마음에서 정리하기 시작했다.

하지만 20여 년이 지난 지금도 그녀가 왜 장환형과 헤어졌는지에 대해서는 오리무중이다. 가끔 소주 한잔 하면 장환형은 그녀를 그리며 “나에게 파랑새 한 마리가 왔다가 그냥 날아갔어…” 하며 슬퍼했다.

그때 그 이후로 우리 폐인들은 누가 사랑을 이야기 하거나 복잡한 과거나 또 어떤 사연을 이야기하면 뜬금없이 "너는 파랑새를 아나?"라고 물어 보는 것이 버릇이 되었다.

〈에피소드 하나〉

나의 첫 번째 데이트 신청기

이 이야기는 100% 사실입니다

나의 첫 번째 데이트 신청기

1997년도인 것 같다.

한때 바로 위 형이 경영하는 회사를 관리해 주기 위하여 대전에서 2년 정도 지낸 적이 있다. 그 당시에는 규모가 그리 크지 않은 회사라서 나 혼자 경리, 총무, 개발, 영업 등 중구난방으로 뛰어다닐 때였다.

회사의 주거래 은행이 'OO은행'이어서 둔산동 지점에 매일 한두 번씩 들리게 되었다. 당연히 그 지점에서도 우리 회사 담당자가 한 명 있었다. 그 담당자가 '김OO'라는 여직원이었다.

처음 몇 번은 느끼지 못했는데, 한두 달 정도 다니다 보니 그 여직원에게서 이상한 점을 발견하게 되었다. 그

것이 무엇이냐 하면….

평상시에는 그다지 밝은 모습을 보이지 않다가 내가 은행에 들어서면 얼굴이 확 펴진다는 사실이었다(몇 번의 검증을 거친 사실이라 나 혼자만의 착각은 아닌 것이 확실하다).

그리고 내가 무엇인가 부탁을 하면 만사를 제쳐두고 부랴부랴 나의 일부터 처리해 주고, 기타 물론 나에게 친절한 것은 두말 하면 잔소리고….

그러나 나의 반응은 그 당시 별로였다. 왜냐면 음…, 아무튼 잘 기억이 나지 않지만 그 여직원이 별로 마음에 들지 않았나 보다. 음… 내 생각으로는 여자가 그렇게 적극적으로 나오면 왠지 싫어지는 듯한 느낌이 든다(히히, 그 당시는 나도 자존심이…).

그러나 나에게 특별대우해 주고 친절한 것이 나쁜 것만은 아니어서 그냥 그렇게 한두 달 더 지나갔다.

그때 나의 어머니는 대구에 계셨기 때문에 주말이면 대구로 내려와서 어머니랑 같이 지내다가 월요일 아침 일찍 대전으로 갔는데, 어느 주말이었다.

평상시 어머니께서는 나의 결혼에 대해서 한마디도

안 하시는 편이었는데, 그날은 은근히 사귀는 사람이 있냐? 결혼은 언제쯤 생각하냐? 나이도 이제 서른이 넘었으니 결혼을 생각해 봐야 하지 않겠니? 등등 나를 당황하게 하는 질문을 하셨다.

그 당시 여자친구가 있었던 것은 아니지만 그래도 나는 결혼을 조급하게 생각 하고 있지 않았다.

다음날 아뿔사, 어머니께서 결국 어제의 전주곡에 이어 본론을 이야기하셨다.

"사실 내가 아는 친구의 조카가 한 명 있는데, 참 좋다더라…. 그래서 오늘 오후 2시에 K호텔 커피숍에서…" 하고 느닷없이 선을 보라신다.

정말 마음의 준비가 되지 않았는데…, 정말 황당하였다. 나는 그 당시 선이라는 것은 정말 능력 없고 주변머리 없는 사람들이 남의 도움 받아서 연애도 한 번 못해보고 그냥 결혼으로 골인하는, 인류 최후의 결혼하기 위한 몸부림 정도로 생각하고 있었다.

나는 처음에는 길길이 날뛰며 안 간다고 했지만 결국 어머니의 입장도 있고 해서(정말…) 일단 나가 보기로 했다.

그러나 걱정이 태산이었다. 만나서 무슨 이야기를 하

나? 뭘 해야 하나? 끙끙 앓으며 점심을 먹었다. 결국 마음을 정리하고 정장을 차려 입고 택시를 타고 약속장소로 향했다.

택시 안에서 이 생각 저 생각하다가 결국, '뭐… 선도 미팅과 다를 바 없잖아. 그냥 학교 다닐 때 미팅 하듯이 만나서 재미난 이야기도 하고 마음에 들면 데이트도 하지 뭐…' 하고 마음을 가볍게 하고 호텔 커피숍으로 들어섰다.

상대를 찾는 데는 그리 시간이 걸리지 않았다. 하지만 자리에 앉는 순간 나의 데이트론은 순간적으로 착각이었다는 생각이 머리를 휘감았다.

상대편에서는 그 당사자뿐 아니라 2명이나 더 나와 있었기 때문이다. 그 사람들의 말로는 장래의 장모님과 장인어른이었다.

등에서 식은땀이 주르륵 흘렀지만 침착함을 유지하고 정중히 인사하고 자리에 앉아 분위기를 맞추려고 애를 썼다.

커피를 시키고 한두 마디씩 질문을 하는데, 자리가 완전히 가시 방석이었다. 상대 여자를 자세히 볼 겨를도 없이 두 불청객에게 이것저것 공격을 당하고 방어하는 것이 왜 그리 시간이 안 가는지….

대충 알아볼 것은 알아봤는지 두 불청객은 자리에서 일어났다.

"허허, 듬직하고 믿음직스러운 청년이군. 우리는 이만 자리를 피해 줄 테니 둘이 이야기 나눠요" 하고는 나갔다.

인사를 하고 자리에 앉았지만 아직도 조금 전의 그 어색한 분위기가 사라질 기미가 안 보인다. 여자는 고개만 푹 내리 누르고 왕 내숭을 떤다.

한 오 분쯤 그런 분위기에 있었나? 내가 도저히 못 참고 몇 가지 질문을 하였다. 그런데 그 질문이라는 것이 고작 "취미가 뭐세요?" 코~~~

그 답변은 "독서예요" 코~~~

하여간 내 생애에서 30분이라는 시간이 그렇게 길게 느껴지기는 처음이었다. 간신히 30분을 채우고(선보러 가기 전에 우리 어머니의 신신 당부 "30분은 견디거라") 자리에서 일어났다. 여자를 택시에 태워 보내고 집으로 돌아오며 '역시 선은 선일뿐이야!'라고 생각했다.

그 일이 있고 난 이후 결혼을 하기로 마음먹었다. 그

것은 아마도 어머니의 놀라운 계략의 결과인지도 모른다. 그날 이후로 어머니께서는 별다른 이야기는 없으셨지만 속으로는 쾌재를 불렀으리라.

막상 결혼을 하기로 생각은 했지만 문제는 말 그대로 상대가 없다는 것이었다. 그래서 그동안 대충 만나던 여자들을 머릿속에서 리스트 업 했다.

학교 후배 A, 동갑 친구 B, 회사 동료 C, 가끔 가는 칵테일 바텐더 등등을 생각하다가 결국 그 OO은행 둔산지점 김 모양까지 나의 결혼 상대 후보로 생각이 이르게 되었다.

결혼이라는 인륜지대사를 생각하니 나의 마음은 마치 미스코리아 뽑는 심사위원보다 더 날카롭게 후보들을 심사하기 시작했다(물론 떡 줄 놈은 생각도 안 하는데…. 기냥 혼자 지랄을 떨었지 뭐).

평상시에 가끔씩 만나 호프 한잔하며 이것저것 부담없이 수다를 떨고 일 년에 한두 번은 무지 술이 취해 잠도 같이 자는(정말 손만 잡고 잤습니다. 아멘~~) 남자 같은 여자친구들도 그 이후는 왠지 '여자(암컷)'로 보이며 어색해졌다.

그리고 만일 재하고 같이 살면 어떤 생활일까 하고 상

상도 해보고…. 하여간 지금 생각하면 우습지도 않은 망상들이 나의 머릿속을 꽉 채웠다.

그러나 나의 주변의 모든 여자들은 그냥 친구로서는 좋은데, 막상 같이 사는 상상을 하면 완전히 아니었다. 그렇게 여러 명을 심사하던 중 결국 OO은행 김 모양을 나의 장래 마나님의 심사대에 올리게 되었다. 심사대에 오르기 전의 김 모양은 그렇고 그런 존재였지만 심사대에 딱 오르자 그의 외모는 요조숙녀로 변하였으며 생각은 현모양처가 되었다.

참으로 놀라운 사실이었다.

"역시 연애와 결혼은 달라. 히~~"

결론은 났다. OO은행 김 모양이 낙점되었던 것이었던 것이었다.

그 이후로 나의 눈에는 장래 나의 신부가 될 김 모양이 그렇게 예쁠 수가 없었다. 그런데 그게 문제였다. 그냥 예쁘면 되는데…, 그게 브레이크가 없었다. 점점 나의 머릿속은 OO은행 김 모양의 모습으로 채워 갔다. 벌써 머릿속에서는 애 낳고 살림 살고 있었던 것이었다.

나중에는 그 증상이 점점 '상사병'처럼 비슷해졌다.

식욕, 의욕, 수면욕 등등 욕구란 욕구는 나의 몸에서 이탈하기 시작했다. 그럴 때마다 OO은행 둔산 지점으로 달려갔다. 괜히 십만 원 넣었다가, 뺐다가….

그러나 기회는 자주 오는 것이 아니었다. 김 모양은 항상 내가 은행으로 들어가면 먼발치에서도 나를 발견하고 충직한 강아지처럼 반기지만 그것도 잠시일 뿐, 은행을 나서면 벌써 김 모양의 모습이 그리워지기 시작했다.

결국 도저히 기다릴 수가 없었다.

'김 모양에게 데이트 신청을… 뭐 어때, 남자가 해야지, 여자가 어떻게 하겠어. 결국 내가 해야만 해!'

그 후 주도면밀한 데이트 성공 작전을 구상하였다.

먼저 시간의 여유가 많은 금요일 오후가 좋겠지. 음, 은행은 다섯 시에 문을 닫고 직원들은 대략 여섯 시 반 정도까지 정리하고 퇴근한다. 그럼 여섯 시쯤에 전화를 하여 저녁약속을 잡고….

음, 저녁을 너무 분위기 있는 곳에서 먹으면 부담이 되겠지? 사람들이 많아 술렁대는 분위기가 좋을 거야…. 그러면 자연히 긴장도 풀리고, 저녁 먹고 잠시 소화도 시킬 겸 충남대 캠퍼스를 같이 걸으며 자판기에서 커피를 뽑아 벤치에 앉아 이야기를 나누다가 여덟 시쯤에 분위기 좋은 소주방이나 칵테일바로 가는 거야.

맞아, 오늘의 컨셉은 '부담 없는 저녁 한때'로 정하는 거야. 그렇지만 내가 그녀를 좋아하고 있다는 사실만은 분명히 인지시켜 줘야겠어. 히히, 야호~~~

그날 하루는 또 정말 시간이 굼벵이였다. 점심도 먹는 둥 마는 둥 시계만 보다가 드디어 다섯 시….

음, 한 시간은 더 버텨야 해. 째깍, 째깍. 음, 3분밖에 안 됐네. 에고, 시간아 빨리… 빨리… 헉헉! 드~~디~~어~~ 6시!

떨림과 긴장을 심호흡으로 가라앉히고 전화기 버튼을 눌렀다.

'띠~~띠~~~띠~~ 철칵!'

"예, OO은행 지점… 김 모양입니다."

"안녕하세요? 저 권 모군입니다."

"어머, 웬일이세요. 지금 마감 중인데…."

"예, 알고 있습니다. 그런데 몇 시에 퇴근하시죠?"

"여섯 시 반이요. 그런데… 무슨 일로…."

"퇴근 후에 약속 있으세요?"

"예, 집에 가야 해요."

"예? 집에요? 무슨 일이라도…?"

"아뇨, 아기 봐야 하거든요…."

"……?!"